STOPP!

Pour enfin maîtriser les 80 pièges classiques de l'allemand

STOPP!

Pour enfin maîtriser les 80 pièges classiques de l'allemand

Francine ROUBY

Agrégée d'allemand

ellipses

Du même auteur chez le même éditeur

- *Vocabulaire allemand contemporain* (français-allemand) – Les grands thèmes (2011)
- *Einfach und Klar ! Grammaire allemande en 50 fiches pour savoir et revoir* (2009)
- *Dire le monde 1 et 2 – Allemand – Vocabulaire thématique français-allemand contemporain.* Nouvelle édition actualisée. (2008)
- *Starten! Communiquer efficacement en allemand* (2007)
- *15 minutes d'allemand par jour* (2007)
- *LUFTBLASE – Reprendre son allemand en s'amusant* (2006)
- *Wie sagt man...? Comment dit-on...? Vocabulaire thématique illustré français/allemand - allemand/français)* (2005)
- *Wörter Lycée – Le vocabulaire allemand* (2005)
- *1001 expressions pour tout dire en allemand* (2004)
- *Les 7 péchés de l'allemand* (2004)
- *L'allemand en un clin d'oeil* (2003)
- *Les mots du XXIe siècle – lexique français-allemand / allemand-français (sciences – techniques – société)* (2002)
- *Vox Allemand – Le vocabulaire incontournable des examens et concours* (2000)

ISBN 978-2-7298-71260

32, rue Bargue 75740 Paris cedex 15

www.editions-ellipses.fr

Avant-propos

STOPP! est une adaptation de l'ouvrage d'anglais de Jean-Luc Bordron ***Full Stop !*** dans la collection Bloc-notes. Il propose de déjouer les pièges les plus courants de l'allemand. En une sélection de 80 points, l'essentiel des difficultés linguistiques est traité de façon simple et claire. Chaque fiche se présente sur une double page :

- AU RECTO :
  - titre du point abordé
  - rappel de la règle
  - 10 phrases traduites
  - score pour s'auto-évaluer

- AU VERSO :
  - correction des 10 phrases
  - remarques complémentaires et éventuellement astuces pour mémoriser plus facilement.

Toutes les phrases sont traduites pour éliminer le problème du vocabulaire. L'objectif n'est pas le thème grammatical mais de faire percevoir la différence d'emploi entre deux expressions d'un emploi délicat.

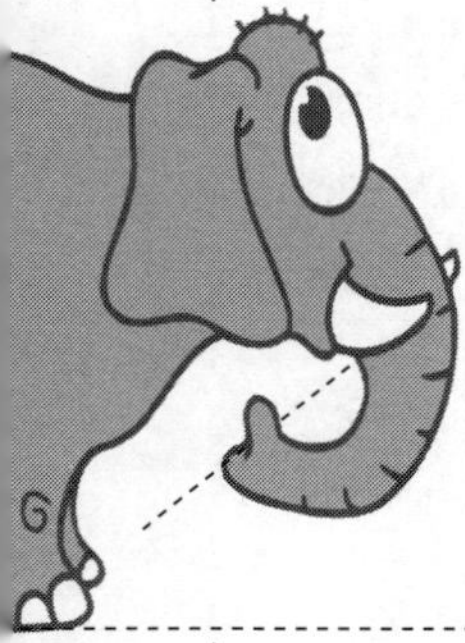

SOMMAIRE

Sommaire

Sommaire

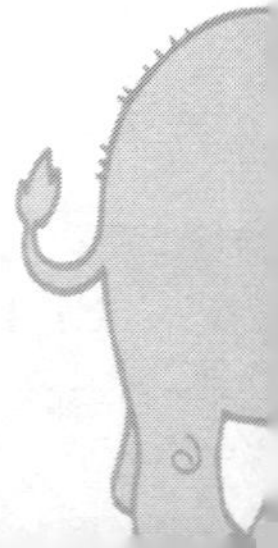

Fiche 1 Action ou fait : *Tat* ou *Tatsache* ?

Rappel

die Tat (en) : l'acte, l'action, le délit
die Tatsache(n) / die Tatsache, dass... :
les faits/le fait que...

Compléter !

1. Il a fait une bonne action.	*Er hat eine gute .... vollbracht.*
2. Ce sont des faits avérés.	*Es sind nackte ....*
3. Le fait est qu'il n'a pas dit la vérité.	*Die .... ist, dass er nicht die Wahrheit gesagt hat.*
4. En effet !	*In der ....!*
5. Elle a été prise en flagrant délit.	*Sie wurde auf frischer .... ertappt.*
6. Il faut mettre les idées en pratique.	*Ideen muss man in .... umsetzen.*
7. Il nous a mis devant le fait accompli.	*Er hat uns vor vollendete .... gestellt.*
8. C'est la triste réalité.	*Es ist die traurige ....*
9. C'est un homme d'action.	*Er ist ein Mann der ....*
10. Le fait qu'ils soient étrangers posait un problème.	*Die ...., dass sie Ausländer waren, war ein Problem.*

Score

... /10

Corrigés

1. Er hat eine gute Tat vollbracht.
2. Es sind nackte Tatsachen.
3. Die Tatsache ist, dass er nicht die Wahrheit gesagt hat.
4. In der Tat!
5. Sie wurde auf frischer Tat ertappt.
6. Ideen muss man in Tat umsetzen.
7. Er hat uns vor vollendete Tatsache gestellt.
8. Es ist die traurige Tatsache.
9. Er ist ein Mann der Tat.
10. Die Tatsache, dass sie Ausländer waren, war ein Problem.

Astuces et commentaires

- En effet = prouvé par le résultat, l'action. C'est pourquoi l'allemand choisira le mot *Tat – in der Tat*.
  De même le délit est un acte, donc prendre en flagrant délit = *auf frischer Tat ertappen*.

- In der Tat = tatsächlich

- Le fait qu'il **soit** … : le subjonctif français n'a pas d'incidence sur le mode allemand. L'indicatif présent ou passé sera choisi en allemand.

Fiche 2

Aimer : lieben, mögen ou gern haben ?

Rappel

lieben : pour exprimer un sentiment fort, plus particulièrement celui qui nous lie aux humains
mögen / gern haben : apprécier quelqu'un ou quelque chose

Compléter !

1. J'aime ma femme.	Ich liebe... meine Frau.
2. J'aime le chocolat noir.	Ich esse .... zartbittere Schokolade.
3. Nous aimons nous promener en forêt.	Wir gehen .... im Wald spazieren.
4. J'aime bien les gens qui ont de l'humour.	Ich .... Leute mit Humor.
5. J'aime bien aller au cinéma.	Ich .... ins Kino gehen.
6. Il aime bien discuter avec toi.	Er unterhält sich .... mit dir.
7. Nous aimerions bien déménager.	Wir würden .... umziehen.
8. J'adore mes roses.	Ich .... meine Rosen.
9. Aimes-tu les cerises ?	.... du Kirschen?
10. Ils s'aimèrent et eurent beaucoup d'enfants.	Sie .... sich und bekamen viele Kinder.

Score ... /10

Corrigés

1. Ich liebe meine Frau.
2. Ich esse gern zartbittere Schokolade.
3. Wir gehen gern im Wald spazieren.
4. Ich mag Leute mit Humor.
5. Ich mag ins Kino gehen.
6. Er unterhält sich gern mit dir.
7. Wir würden gern umziehen.
8. Ich liebe meine Rosen.
9. Magst du Kirschen?
10. Sie liebten sich und bekamen viele Kinder.

Astuces et commentaires

- Il suffit d'ajouter à *gern* le verbe qui vous convient :
  gern schwimmen/Kuchen essen/tanzen/Theater spielen etc.

- Ich hab' dich gern = je t'aime bien, j'éprouve de la sympathie pour toi.

- lieb haben :
  ich habe dich lieb = éprouver de la tendresse pour quelqu'un.

- Attention à la conjugaison de *mögen* :
  ich mag, sie mögen, ich mochte, ich habe gemocht
  ich möchte (subjonctif 2) = j'aimerais bien (conditionnel français)

Fiche 3 Appartenir : gehören, gehören zu, angehören ?

Rappel

gehören + datif = possession/**gehören zu** + datif : faire partie de / **angehören** + datif : être membre de

Compléter !

1.	Cette voiture m'appartient.	*Dieser Wagen .... mir.*
2.	Le dauphin fait partie des mammifères.	*Delphine .... den Säugetieren.*
3.	Nous faisons partie de l'Église protestante.	*Wir .... der Evangelischen Kirche ....*
4.	Ce poète fait partie des romantiques.	*Dieser Dichter .... den Romantikern.*
5.	Elle ne fait pas partie des meilleurs étudiants.	*Sie .... nicht .... den besten Studenten.*
6.	La maison t'appartient ?	*........... das Haus dir?*
7.	Il avait fait partie de plusieurs associations.	*Er hatte mehreren Assoziationen ....*
8.	Il fait partie de notre famille.	*Er .... unserer Familie.*
9.	L'avenir appartient aux jeunes générations.	*Die Zukunft .... den jungen Generationen.*
10.	Cet ordinateur ne m'appartient pas.	*Dieser Computer .... mir nicht.*

Score

... /10

Corrigés

1. Dieser Wagen gehört mir.
2. Delphine gehören zu den Säugetieren.
3. Wir gehören der Evangelischen Kirche an.
4. Dieser Dichter gehört zu den Romantikern.
5. Sie gehört nicht zu den besten Studenten.
6. Gehört das Haus dir?
7. Er hatte mehreren Assoziationen angehört.
8. Er gehört zu unserer Familie.
9. Die Zukunft gehört den jungen Generationen.
10. Dieser Computer gehört mir nicht.

Astuces et commentaires

- Ce sont des verbes réguliers.
  an/gehören est séparable : er gehört einer Sekte **an**.

- Notons quelques expressions très courantes avec *gehören* :

1. Indication d'une qualité, d'une nécessité :
   Es gehört viel Mut dazu : il faut beaucoup de courage.
   Zu einem harmonischen Familienleben gehört Vertrauen : il faut de la confiance pour une vie de famille harmonieuse.

2. Indication d'une place, d'un rangement :
   Die Wäsche gehört in den Schrank : la place du linge est dans l'armoire.
   Wo gehört das hin? Où dois-je ranger cela ?

3. Pour marquer une entorse aux bonnes manières :
   Das gehört sich nicht : cela ne se fait pas !

Fiche 4

Apprendre : lernen, beibringen ou erfahren ?

Rappel

lernen : s'utilise dans le cadre d'un apprentissage
beibringen : apprendre quelque chose à quelqu'un
erfahren : dans le cas d'une information

Compléter !

1. J'ai appris qu'elle était malade.	*Ich habe ...., dass sie krank ist.*
2. J'ai appris le russe à l'école.	*Russisch habe ich in der Schule ....*
3. Je l'ai appris de source sûre.	*Ich habe es aus sicherer Quelle ....*
4. Je l'ai appris par la presse.	*Ich habe es durch die Presse ....*
5. Mon fils apprend à lire.	*Mein Sohn .... lesen.*
6. Je voudrais t'apprendre à faire du vélo.	*Ich möchte dir ...., wie man Rad fährt.*
7. Elle lui a appris à faire de la voile.	*Sie hat ihm das Segeln ....*
8. J'apprends l'allemand depuis 6 ans.	*Seit 6 Jahren .... ich Deutsch.*
9. Tu veux que je t'apprenne à danser ?	*Möchtest du, dass ich dir das Tanzen ....?*
10. Nous avons appris la nouvelle.	*Wir haben die Nachricht ....*

Score

... /10

Corrigés

1. Ich habe erfahren, dass sie krank ist.
2. Russisch habe ich in der Schule gelernt.
3. Ich habe es aus sicherer Quelle erfahren.
4. Ich habe es durch die Presse erfahren.
5. Mein Sohn lernt lesen.
6. Ich möchte dir beibringen, wie man Rad fährt.
7. Sie hat ihm das Segeln beigebracht.
8. Seit 6 Jahren lerne ich Deutsch.
9. Möchtest du, dass ich dir das Tanzen beibringe?
10. Wir haben die Nachricht erfahren.

Astuces et commentaires

- ***lehren*** : peu employé de nos jours. Ce verbe qualifie l'enseignement d'un savoir *ex cathedra*. Der Lehrer vient de ce verbe.

- ***unterrichten*** : donner des cours. *Der Unterricht* : le cours.

- ***von etwas hören*** : apprendre dans le sens avoir entendu parler de quelque chose.

  Ich habe davon gehört : j'en ai entendu parler.

- ***bei/bringen – brachte bei – hat beigebracht*** : est en général suivi d'un substantif, d'un verbe substantivé ou d'une proposition introduite par *wie* :

  Ich bringe dir das Kochen bei./ Ich bringe dir bei, wie man kocht.
  Ich bringe dir Schach bei./ Ich bringe dir bei, wie man Schach spielt.

Après : nach ou nachher ?

Rappel

nach est une préposition. Elle est suivie d'un nom ou groupe de mots au datif.
nachher est un adverbe. Sa place dans la phrase est plus souple.

Compléter !

1. Après le repas, tu vas te coucher.	*............ dem Essen gehst du ins Bett.*
2. Il reprit ses esprits après un moment.	*Er kam .... ein paar Minuten wieder zu sich.*
3. Après quelques années, il se sentit enfin à l'aise.	*............ einigen Jahren fühlte er sich endlich wohl.*
4. Je vais faire cela après.	*Das mache ich ....*
5. On se voit après !	*Wir sehen uns ....!*
6. Après l'orage, les températures avaient baissé.	*............ dem Gewitter waren die Temperaturen gesunken.*
7. Tu m'appelles après ton entretien ?	*Rufst du mich .... deinem Einstellungsgespräch an?*
8. Non, pas après, plutôt avant.	*Nein, nicht ...., eher vorher.*
9. Après la catastrophe, les gens furent choqués.	*............ der Katastrophe waren die Leute geschockt.*
10. Ils n'y ont pensé qu'après.	*Sie haben erst .... daran gedacht.*

Score ... /10

Corrigés

1. Nach dem Essen gehst du ins Bett.
2. Er kam nach ein paar Minuten wieder zu sich.
3. Nach einigen Jahren fühlte er sich endlich wohl.
4. Das mache ich nachher.
5. Wir sehen uns nachher.
6. Nach dem Gewitter waren die Temperaturen gesunken.
7. Rufst du mich nach deinem Einstellungsgespräch an?
8. Nein, nicht nachher, eher vorher.
9. Nach der Katastrophe waren die Leute geschockt.
10. Sie haben erst nachher daran gedacht.

Astuces et commentaires

- Attention : le verbe conjugué est toujours en deuxième position :

  Nach meiner Krankheit **ging** ich wieder zur Arbeit.
  Nachher **ging** ich wieder zur Arbeit.

- ***Nachher*** étant un adverbe, sa place est soit en début de phrase, soit à l'intérieur de la phrase. Il peut même se placer tout à la fin. Il s'agit alors d'une hors construction fréquente à l'oral.

  Ich ging wieder zur Arbeit nachher.

- *Nach* est toujours suivi du datif.

- *Nach* est également une préposition indiquant une direction :

  nach Deutschland/nach Berlin/nach London

- *Nach* postposé est utilisé dans certaines expressions :

  meiner Meinung nach : à mon avis
  der Reihe nach : l'un après l'autre
  allem Anschein nach : selon toute vraisemblance

Fiche 6 Arrêter : aufhören, anhalten ou stehen bleiben?

Rappel

auf/hören : arrêter, cesser une activité
an/halten : arrêter quelqu'un ou quelque chose (train, véhicule...)
stehen bleiben : s'arrêter net

Compléter !

1. Il faut s'arrêter au feu rouge.	*An der Ampel muss man ....*
2. La police a arrêté l'automobiliste.	*Die Polizei hat den Fahrer ....*
3. Arrête-toi, je me sens mal.	*............ , mir ist schlecht.*
4. La voiture s'est soudain arrêtée.	*Der Wagen ist plötzlich ....*
5. Ma montre s'est arrêtée.	*Meine Uhr ist ....*
6. Arrête de pleurer !	*............ zu weinen!*
7. Il faut que cela s'arrête.	*Es muss ....*
8. Le train a dû s'arrêter.	*Der Zug musste ....*
9. Nous nous sommes arrêtés devant la vitrine.	*Wir sind vor dem Schaufenster ....*
10. Je me suis arrêté de travailler.	*Ich habe zu arbeiten ....*

Score
... /10

Corrigés

1. An der Ampel muss man stehen bleiben.
2. Die Polizei hat den Fahrer angehalten.
3. Halt an, mir ist schlecht.
4. Der Wagen ist plötzlich stehen geblieben.
5. Meine Uhr ist stehengeblieben.
6. Hör auf zu weinen!
7. Es muss aufhören.
8. Der Zug musste stehen bleiben.
9. Wir sind vor dem Schaufenster stehen geblieben.
10. Ich habe zu arbeiten aufgehört.

Astuces et commentaires

- **Arrêter** est traduit par d'autres verbes encore :
  arrêter un criminel : verhaften, fest/nehmen
  un moteur s'arrête : ein Motor, eine Maschine steht still
  arrêter une évolution : auf/halten
  arrêter définitivement une action : ein**en** Streit (une dispute) beenden, ein**em** Streit (datif) ein Ende setzen

- ***Aufhören*** est un verbe intransitif. Il ne supporte pas de complément.
  Avec un complément il faudra ajouter *mit* + datif ou *damit* :
  Arrête cela : Hör auf damit.

- *Stehen bleiben* ou *stehenbleiben* ?
  – Dans un sens concret : en deux mots
  – Dans un sens figuré : en un mot ou en deux mots :
  – Die Uhr ist stehengeblieben/stehen geblieben.

Asseoir : sitzen ou setzen ?

Rappel

sitzen : être assis. Indique une position.
setzen : asseoir. Indique un mouvement.

Compléter !

1. Assieds-toi !	*........... dich!*
2. Pierre s'est assis calmement.	*Pierre hat sich ruhig........... .*
3. Elle a installé son bébé dans la voiture.	*Sie hat ihr Kind ins Auto........... .*
4. J'aime être assis près de la cheminée.	*Ich .... gern am Kamin.*
5. Nous sommes assis huit heures au bureau.	*Wir .... acht Stunden im Büro.*
6. Ils s'assirent autour de la table.	*Sie .... um den Tisch.*
7. Nous étions déjà assis, quand il arriva.	*Wir .... schon, als er eintrat.*
8. Il aime bien s'asseoir à côté de moi.	*Er .... gern neben mich.*
9. Nous étions assises dans le train.	*Wir .... im Zug.*
10. Nous étions mal assis.	*Wir .... unbequem.*

Score
... /10

Corrigés

1. Setz dich!
2. Pierre hat sich ruhig gesetzt.
3. Sie hat ihr Kind ins Auto gesetzt.
4. Ich sitze gern am Kamin.
5. Wir sitzen acht Stunden im Büro.
6. Sie setzten sich um den Tisch.
7. Wir saßen schon, als er eintrat.
8. Er setzt sich gern neben mich.
9. Wir saßen im Zug/haben im Zug gesessen.
10. Wir saßen unbequem/haben unbequem gesessen.

Astuces et commentaires

- **Attention** à la conjugaison de ces verbes :

  Sitzen est un verbe irrégulier. Setzen est un verbe régulier.
  ich sitze/ich setzte/ich saß/ ich setzte

- En allemand, la position d'une personne ou d'un objet est plus précise qu'en français.

  Alors qu'on utilise souvent le verbe *être* en français, l'allemand utilise un verbe de position :

  Le courrier est sur la table : Die Post liegt auf dem Tisch.
  Les chaussures sont dans l'armoire : Die Schuhe stehen im Schrank.

- Être assis : ~~ist gesetzt~~

  Voilà l'erreur la plus fréquente. À ne plus commettre dorénavant.

Assez : ziemlich ou genug ?

Rappel

ziemlich : signifie relativement, passablement, ni trop, ni trop peu

genug : signifie suffisamment

Compléter !

1. J'ai assez mangé !	*Ich habe .... gegessen!*
2. Elle est assez douée.	*Sie ist .... begabt.*
3. Tu n'en as pas assez de tout cela ?	*Hast du nicht .... von der ganzen Sache?*
4. Il est assez grand.	*Er ist .... groß.*
5. Il avait pas mal de fièvre.	*Er hatte .... viel Fieber.*
6. Il a fait assez froid aujourd'hui.	*Es war .... kalt heute.*
7. Tu n'as pas assez dormi.	*Du hast nicht .... geschlafen.*
8. Je gagne assez bien ma vie.	*Ich verdiene .... gut.*
9. J'ai gagné assez pour prendre un congé sabbatique.	*Ich habe .... verdient, um mir ein Sabbatjahr zu leisten.*
10. Ils ont assez de temps pour le déménagement.	*Sie haben Zeit .... für den Umzug.*

Score ... /10

Corrigés

1. Ich habe genug gegessen!
2. Sie ist ziemlich begabt.
3. Hast du nicht genug von der ganzen Sache?
4. Er ist ziemlich groß. (donc, il va encore grandir)
   NB.: Er ist groß genug (il a 2 mètres, ça suffit!)
5. Er hatte ziemlich viel Fieber.
6. Es war ziemlich kalt heute.
7. Du hast nicht genug geschlafen.
8. Ich verdiene ziemlich gut.
9. Ich habe genug verdient, um mir ein Sabbatjahr zu leisten.
10. Sie haben Zeit genug für den Umzug.

Astuces et commentaires

- Devant un substantif et les adverbes *viel* ou *wenig* c'est *ziemlich* que l'on choisira.
  ziemlich viel Arbeit/ziemlich wenig Zeit …

- Genug se place :
  – derrière l'adjectif ou l'adverbe
  – devant ou derrière les substantifs.

Fiche 9 — Attendre : warten, erwarten ou rechnen mit ?

Rappel

warten auf + accusatif : sens général
erwarten + accusatif : s'attendre à quelque chose
rechnen mit + datif : tabler sur, escompter un résultat – surtout chiffré

Compléter !

1. Je t'ai attendu 2 heures.	*Ich habe 2 Stunden .... dich ....*
2. On s'attend à une relève de l'économie.	*Man .... einem Wirtschaftsaufschwung.*
3. Elle attend son deuxième enfant.	*Sie .... ihr zweites Kind.*
4. Elle attend le médecin.	*Sie .... den Arzt.*
5. Ils attendent de toi que tu te comportes mieux.	*Sie .... von dir, dass du dich besser benimmst.*
6. J'attends mes résultats.	*Ich .... meine Resultate.*
7. Nous attendons de la visite.	*Wir .... Besuch.*
8. Le gouvernement s'attend à des conflits sociaux.	*Die Regierung .... sozialen Konflikten.*
9. Ils attendent de meilleurs chiffres de vente cette année.	*Sie .... einem besseren Umsatz dieses Jahr.*
10. Nous attendons le printemps.	*Wir .... den Frühling.*

Score ... /10

Corrigés

1. Ich habe 2 Stunden auf dich gewartet.
2. Man rechnet mit einem Wirtschaftsaufschwung.
3. Sie erwartet ihr zweites Kind.
4. Sie wartet auf den Arzt.
5. Sie erwarten von dir, dass du dich besser benimmst.
6. Ich warte auf meine Resultate.
7. Wir erwarten Besuch.
8. Die Regierung rechnet mit sozialen Konflikten.
9. Sie rechnen mit einem besseren Umsatz dieses Jahr.
10. Wir warten auf den Frühling.

Astuces et commentaires

- Quelques précisions :

  warten auf + accusatif : attendre quelqu'un ou quelque chose
  erwarten : attendre quelqu'un ou quelque chose prévu de longue date
  rechnen mit + datif : s'attendre à quelque chose de chiffré, d'immuable

- Autre sens de *rechnen mit* : compter sur quelqu'un

  Wir rechnen mit dir.
  Synonyme : wir zählen auf dich.

Fiche 10

Au contraire : im Gegensatz ou im Gegenteil ?

Rappel

im Gegensatz + zu + datif
im Gegenteil + sujet + verbe conjugué ou
das Gegenteil + génitif ou von + datif

Compléter !

1. Elle est l'exact contraire de sa sœur.	*Sie ist das genaue ………… ihrer Schwester.*
2. Les contraires s'attirent.	*………… ziehen sich an.*
3. Tu vas obtenir le contraire de ce que tu veux.	*Du wirst das ………… von dem erhalten, was du willst.*
4. Au contraire, il m'a aidé !	*………… , er hat mir geholfen!*
5. À l'opposé de ton comportement, le sien est exemplaire.	*………… zu deinem Benehmen ist seins beispielhaft.*
6. Noir n'est pas le contraire de blanc.	*Schwarz ist nicht das ………… von Weiß.*
7. Le contraste est frappant.	*Der ………… ist krass.*
8. Contrairement à son père, le fils est plutôt grand.	*………… zu seinem Vater ist der Sohn eher groß geraten.*
9. Le contraire m'aurait étonné !	*Das ………… hätte mich gewundert!*
10. Il n'y a plus de contradiction claire entre la droite et la gauche.	*Es besteht kein klarer ………… mehr zwischen Links und Rechts.*

Score … /10

Corrigés

1. Sie ist das genaue Gegenteil ihrer Schwester.
2. Gegensätze ziehen sich an.
3. Du wirst das Gegenteil von dem erhalten, was du willst.
4. Im Gegenteil, er hat mir geholfen!
5. Im Gegensatz zu deinem Benehmen ist seins beispielhaft.
6. Schwarz ist nicht das Gegenteil von Weiß.
7. Der Gegensatz ist krass.
8. Im Gegensatz zu seinem Vater ist der Sohn eher groß geraten.
9. Das Gegenteil hätte mich gewundert!
10. Es besteht kein klarer Gegensatz mehr zwischen Links und Rechts.

Astuces et commentaires

- Les deux mots sont pour ainsi dire synonymes. C'est leur utilisation grammaticale qui varie.
- *Im Gegenteil* est souvent utilisé comme interjection, donc suivi d'un point d'exclamation :

  Ganz im Gegenteil!

- *Der Gegen***satz** annonce plus nettement une contradiction, une opposition de fond, d'idéologie.

Fiche 11

Augmenter : steigen ou wachsen ?

Rappel

steigen : tout ce qui « monte », peut se chiffrer (actions, prix, degrés)

wachsen : croître, s'étendre (fortune, dettes, population, bruit...)

Compléter !

1. Les prix ont encore augmenté.	*Die Preise sind ....*
2. La population augmente sans cesse.	*Die Bevölkerung .... andauernd.*
3. La pauvreté augmente en Europe.	*Die Armut .... in Europa.*
4. Le chômage a augmenté de 3 %.	*Die Arbeitslosigkeit ist ....*
5. Mes recettes ont augmenté.	*Meine Einnahmen sind ....*
6. La température a augmenté.	*Die Temperatur ist ....*
7. Les exigences de la vie moderne augmentent.	*Die Anforderungen des modernen Lebens ....*
8. Le niveau de l'eau augmente.	*Die Flut ....*
9. La tension avait augmenté.	*Der Druck war ....*
10. Le trafic augmente dans les villes.	*Der Verkehr .... in den Städten.*

Score ... /10

Corrigés

1. Die Preise sind gestiegen.
2. Die Bevölkerung wächst andauernd.
3. Die Armut wächst in Europa.
4. Die Arbeitslosigkeit ist gestiegen/ist gewachsen.
5. Meine Einnahmen sind gestiegen.
6. Die Temperatur ist gestiegen.
7. Die Anforderungen des modernen Lebens wachsen.
8. Die Flut steigt.
9. Der Druck war gestiegen/gewachsen.
10. Der Verkehr wächst in den Städten.

Astuces et commentaires

- Ce sont des verbes de mouvement, ils se construisent donc avec ***sein*** :
  Es ist gestiegen/es ist gewachsen
- Ils sont irréguliers :
  steigen (stieg, gestiegen)/ wachsen (wuchs, gewachsen)
- Ce sont des verbes intransitifs. Donc pas de COD possible.
- Attention à ne pas confondre *wachsen* et *waschen* (laver)
- Les deux verbes peuvent être employés pour certains concepts : le chômage par exemple, car on peut le chiffrer ou l'appréhender comme phénomène : die Arbeitslosigkeit steigt/wächst.
- Pour la violence (*die Gewalt*) on emploie uniquement *wachsen*.
- *Zu|nehmen (i, a, o)* est souvent synonyme de *wachsen*. Il signifie également augmenter dans le sens de grossir, gonfler : le poids, la lune, la violence.

Augmenter : steigen ou steigern ?

Rappel

steigen : tout ce qui « monte », peut se chiffrer (actions, prix, degrés)
steigern : renforcer, sens plus abstrait, plus subjectif

Compléter !

1.	Cette situation augmente la rancœur.	*Diese Situation .... die Verbitterung.*
2.	La vitesse a été augmentée.	*Das Tempo wurde ....*
3.	La criminalité augmente dans les villes.	*Die Kriminalität .... in den Städten.*
4.	Le chômage n'a pas augmenté ce mois-ci.	*Die Arbeitslosigkeit ist diesen Monat nicht ....*
5.	Cette mesure renforce le sentiment d'insécurité.	*Diese Maßnahme .... das Gefühl von Unsicherheit.*
6.	Sa colère s'est amplifiée soudain.	*Seine Wut .... sich plötzlich.*
7.	Sa victoire a renforcé son envie de continuer.	*Sein Sieg hat seine Lust weiter zu machen ....*
8.	Les hirondelles montent haut dans le ciel.	*Schwalben .... hoch in den Himmel.*
9.	Tes chances augmentent.	*Deine Chancen ....*
10.	Cela augmente la valeur de ta maison.	*Das .... den Wert deines Hauses.*

Score ... /10

Corrigés

1. Diese Situation steigert die Verbitterung.
2. Das Tempo wurde gesteigert.
3. Die Kriminalität steigt in den Städten.
4. Die Arbeitslosigkeit ist diesen Monat nicht gestiegen.
5. Diese Maßnahme steigert das Gefühl von Unsicherheit.
6. Seine Wut steigerte sich plötzlich.
7. Sein Sieg hat seine Lust weiter zu machen gesteigert.
8. Schwalben steigen hoch in den Himmel.
9. Deine Chancen steigen.
10. Das steigert den Wert deines Hauses.

Astuces et commentaires

- Steigen (stieg, ist gestiegen)
- *Steigern* est un verbe régulier. Steigern s'emploie pour exprimer l'idée de renforcer, augmenter un sentiment, un mouvement, une performance, un son …
- *Steigern* peut souvent être remplacé par **verstärken.** C'est également un bon test pour faire la différence entre *steigen* et *steige**r**n*.
- Attention à bien faire la différence entre ces deux verbes. Une seule consonne les différencie.

Fiche 13 Auxiliaire werden : worden ou geworden ?

Rappel

les deux formes sont le participe passé de werden :

geworden : *après un adjectif*

worden : *après un autre participe passé*

Compléter !

1. Qu'est-ce qu'il est devenu ?	*Was ist aus ihm ....*
2. Il est devenu tout rouge.	*Er ist ganz rot ....*
3. Elle a été dérangée dans son travail.	*Sie ist in ihrer Arbeit gestört ....*
4. Il a obtenu de l'aide.	*Ihm ist geholfen ....*
5. La maison a été entièrement rénovée.	*Das Haus ist völlig renoviert ....*
6. Il avait commencé à faire froid.	*Es war kalt ....*
7. Il est devenu fou.	*Er ist verrückt ....*
8. Les enfants ont été très gâtés.	*Die Kinder sind sehr verwöhnt ....*
9. Elle a été trompée.	*Sie ist betrogen ....*
10. Tu as été vu hier soir.	*Du bist gestern Abend gesehen ....*

Score ... /10

Corrigés

1. Was ist aus ihm geworden?
2. Er ist ganz rot geworden.
3. Sie ist in ihrer Arbeit gestört worden.
4. Ihm ist geholfen worden.
5. Das Haus ist völlig renoviert worden.
6. Es war kalt geworden.
7. Er ist verrückt geworden.
8. Die Kinder sind sehr verwöhnt worden.
9. Sie ist betrogen worden.
10. Du bist gestern Abend gesehen worden.

Astuces et commentaires

- Aide-mémoire : Quand il y a déjà un *ge-*, on n'en rajoute pas un deuxième : er ist **ge**feiert **worden** mais krank **ge**worden.
- Attention néanmoins au piège des verbes qui ne prennent pas de *ge* au participe passé : les verbes d'origine française ou ceux en *er/miss/ver/zer*
  transportiert worden, zertört worden, verloren worden, missverstanden worden, etc.
- *Werden* est donc un auxiliaire grammatical, car il sert à composer le passif et le futur. Mais il a également un sens. Il indique une idée de devenir, de progression ...

Fiche 14

Avant ou après : bevor ou nachdem ?

Rappel

Ce sont tous les deux des subordonnants temporels.
Le verbe conjugué est à la fin.

Compléter !

1. Avant d'aller au lit, brosse-toi les dents !	*........... du ins Bett gehst, putz dir die Zähne!*
2. Après avoir vidé son verre, il se ressert.	*........... er sein Glas ausgetrunken hat, schenkt er sich erneut ein.*
3. L'Allemagne devint un pays normal après que le Mur était tombé.	*Deutschland wurde ein normales Land, ... die Mauer gefallen war.*
4. Il prit des mesures après avoir vu le danger.	*Er ergriff Maßnahmen, ... er die Gefahr erkannt hatte.*
5. Avant de commander, comparons les prix.	*........... wir bestellen, sollten wir die Preise vergleichen.*
6. Avant de commencer, il faut que j'explique quelque chose.	*........... wir anfangen, muss ich etwas erklären.*
7. Après que le rideau était tombé, les gens applaudirent.	*........... der Vorhang gefallen war, klatschten die Leute.*
8. Avant de passer à table, il faut se laver les mains.	*........... man sich zu Tisch setzt, wäscht man sich die Hände.*
9. L'accident s'est produit après qu'il était parti.	*Der Unfall geschah, ... er weg gefahren war.*
10. Après que les ordures sont triées, on les recycle.	*........... der Müll sortiert worden ist, wird er recycelt.*

Score

... /10

Corrigés

1. Bevor du ins Bett gehst, putz dir die Zähne!
2. Nachdem er sein Glas ausgetrunken hat, schenkt er sich erneut ein.
3. Deutschland wurde ein normales Land, nachdem die Mauer gefallen war.
4. Er ergriff Maßnahmen, nachdem er die Gefahr erkannt hatte.
5. Bevor wir bestellen, sollten wir die Preise vergleichen.
6. Bevor wir anfangen, muss ich etwas erklären.
7. Nachdem der Vorhang gefallen war, klatschten die Leute.
8. Bevor man sich zu Tisch setzt, wäscht man sich die Hände.
9. Der Unfall geschah, nachdem er weg gefahren war.
10. Nachdem der Müll sortiert worden ist, wird er recycelt.

Astuces et commentaires

- *Bevor* et *nachdem* sont obligatoirement accompagnés par un sujet et un verbe conjugué.

  ~~Bevor ins Kino zu gehen/nachdem gearbeitet zu haben~~

- Ne pas confondre : vor/bevor/vorher
  nach/nachdem/nachher
  en passant par la traduction française.
  La construction de phrase n'est absolument pas la même.

- Attention aux temps des verbes avec *nachdem* : l'action introduite par *nachdem* est antérieure à celle de la principale. Ainsi nous avons soit plus-que-parfait + prétérit, soit parfait ou prétérit + présent.

Avant : vor ou vorher ?

Rappel

Vor est une préposition. Elle est suivie d'un nom ou groupe de mots le plus souvent au datif.
Vorher est un adverbe. Sa place dans la phrase est plus souple.

Compléter !

1. Il faudra faire ce travail avant l'été.	*Diese Arbeit muss .... dem Sommer gemacht werden.*
2. Nous partons, mais avant il faut fermer les volets.	*Wir fahren, aber .... müssen die Rollläden zugemacht werden.*
3. Tu aurais pu me le dire avant.	*Du hättest mir das .... sagen können.*
4. Avant c'était mieux.	*........... war es besser.*
5. Mange un peu avant l'école.	*Iss ein wenig .... der Schule.*
6. Il faut avant tout garder l'espoir.	*........... allem darf man die Hoffnung nicht verlieren.*
7. Avant Noël il se mit à neiger.	*........... Weihnachten begann es zu schneien.*
8. Il n'avait jamais réagi avant.	*Er hatte .... nie reagiert.*
9. J'aurais dû réserver avant.	*Ich hätte .... buchen müssen.*
10. Je dois l'acheter avant la semaine prochaine.	*Ich muss es .... nächster Woche kaufen.*

Score

... /10

Corrigés

1. Diese Arbeit muss vor dem Sommer gemacht werden.
2. Wir fahren, aber vorher müssen die Rollläden zugemacht werden.
3. Du hättest mir das vorher sagen können.
4. Vorher war es besser.
5. Iss ein wenig vor der Schule.
6. Vor allem darf man die Hoffnung nicht verlieren.
7. Vor Weihnachten begann es zu schneien.
8. Er hatte vorher nie reagiert.
9. Ich hätte vorher buchen müssen.
10. Ich muss es vor nächster Woche kaufen.

Astuces et commentaires

- Attention : le verbe conjugué est toujours en deuxième position.
  Vor dem Abitur **habe** schon gejobt.
  Vorher **hatte** ich schon gejobt.

- ***Vorher*** étant un adverbe, sa place est soit en début de phrase, soit à l'intérieur de la phrase. Il peut même se placer tout à la fin, surtout à l'oral. Il s'agit alors d'une hors-construction.
  Ich hatte schon gejobt vorher.

- *Vor* + accusatif est plus rare. Il indique un mouvement.
  Er stellte sich vor den Vater: il se plaça devant son père.

- *Vor* est également une préposition spatiale ou temporelle :
  vor dem Haus = devant la maison
  vor vierzehn Tagen : il y a quinze jours

- *Vor* est une préposition exigée par un verbe, un adjectif ou un substantif :
  Angst haben vor/sich fürchten vor : avoir peur de
  warnen vor : prévenir de

Fiche 16

Avoir besoin de : brauchen ou müssen ?

Rappel

brauchen : est suivi d'un COD ou d'une infinitive à condition qu'elle contienne nicht ou nur (donc une négation ou une restriction)
müssen : est suivi d'une infinitive

Compléter !

1. Pierre a besoin de chaussures.	*Pierre .... Schuhe.*
2. Elle a besoin d'aller chez le dentiste.	*Sie .... zum Zahnarzt gehen.*
3. Nous n'avons pas besoin d'y aller.	*Wir .... nicht hinzugehen.*
4. J'ai besoin d'aller aux toilettes.	*Ich .... aufs Klo (gehen).*
5. Tu n'as pas besoin de faire de pareilles tâches.	*Du .... solche Dinge nicht zu tun.*
6. Tu as besoin d'aide.	*Du .... Hilfe.*
7. J'ai besoin de m'asseoir.	*Ich .... mich hinsetzen.*
8. Tu as encore besoin de mes ciseaux ?	*........... du noch meine Schere?*
9. Il n'a qu'à le leur dire.	*Du .... es ihnen nur zu sagen.*
10. J'ai besoin de le savoir.	*Ich .... es wissen.*

Score ... /10

Corrigés

1. Pierre braucht Schuhe.
2. Sie muss zum Zahnarzt gehen.
3. Wir brauchen nicht hinzugehen.
4. Ich muss aufs Klo.
5. Du brauchst solche Dinge nicht zu tun.
6. Du brauchst Hilfe.
7. Ich muss mich hinsetzen.
8. Brauchst du noch meine Schere?
9. Du brauchst es ihnen nur zu sagen.
10. Ich muss es wissen.

Astuces et commentaires

- Pour simplifier ce point, retenez que *müssen* est toujours utilisable avec une infinitive.

  Er muss zum Arzt gehen/… muss nur zum Arzt gehen/… nicht zum Arzt gehen.

- ~~Ich brauche zum Arzt gehen~~ est impossible!

- *Brauchen* n'est nécessaire que pour introduire un complément d'objet simple :
  Ich brauche Medikamente/meine Mutter/Geld…

- *Brauchen* exige le double infinitif :

  Er hat **ge**braucht
  mais :
  Er hat nicht (zu) bezahlen brauchen.

Fiche 17 — Beaucoup : viel ou sehr ?

Rappel

Viel *donne une idée de quantité.*
Sehr *donne une idée d'intensité. Elle est rendue en français par des adverbes divers.*

Compléter !

1. J'ai beaucoup de travail.	*Ich habe .... Arbeit.*
2. J'ai beaucoup de chagrin.	*Ich bin .... traurig.*
3. L'orage a fait beaucoup de dégâts.	*Das Gewitter hat .... Schaden angerichtet.*
4. J'en suis grandement satisfait.	*Ich bin .... zufrieden damit.*
5. Ils s'apprécient beaucoup.	*Sie schätzen sich ....*
6. Beaucoup de choses sont inutiles.	*........... Dinge sind unnütz.*
7. Ils sont très pauvres.	*Sie sind .... arm.*
8. Elle avait beaucoup de choses à raconter.	*Sie hatte .... zu erzählen.*
9. J'ai beaucoup d'inquiétudes à ce sujet.	*Ich bin .... beunruhigt diesbezüglich.*
10. Tu sais à quel point je t'aime ?	*Weißt du, wie .... ich dich liebe?*

Score ... /10

Corrigés

1. Ich habe viel Arbeit.
2. Ich bin sehr traurig.
3. Das Gewitter hat viel Schaden angerichtet.
4. Ich bin sehr zufrieden damit.
5. Sie schätzen sich sehr.
6. Viele Dinge sind unnütz.
7. Sie sind sehr arm.
8. Sie hatte viel zu erzählen.
9. Ich bin sehr beunruhigt diesbezüglich.
10. Weißt du, wie sehr ich dich liebe?

Astuces et commentaires

- ***Sehr viel*** : *viel* est intensifié par *sehr*. Traduction : énormément

- ***Viel geweint, sehr geweint*** : les deux adverbes sont parfois possibles. Dans ce cas, le sens est légèrement différent.

  Sie hat viel geweint in ihrem Leben = elle a beaucoup/souvent pleuré dans sa vie.
  (L'idée de quantité reste présente.)

  Sie hat sehr geweint : elle a beaucoup/violemment pleuré.
  (L'idée de l'intensité reste première.)

Fiche 18 — Beaucoup : viel ou viele ?

Rappel

Viel invariable : dans des notions indénombrables ou abstraites

Viel + déclinaison : avec des personnes ou objets dénombrables

Compléter !

1. Quand il fait chaud, il faut boire beaucoup d'eau.	*Wenn es heiß ist, sollte man .... Wasser trinken.*
2. Il est beaucoup plus jeune qu'elle.	*Sie ist .... jünger als er.*
3. Beaucoup de nouveaux étudiants étaient présents.	*............ neue Studenten waren anwesend.*
4. Les Allemands boivent beaucoup de bière.	*Die Deutschen trinken .... Bier.*
5. Beaucoup de gens vivent en dessous du seuil de pauvreté.	*............ Leute leben unter dem Lebensminimum.*
6. Il y avait beaucoup d'émotion dans la salle ce soir-là.	*Es herrschte .... Emotion an jenem Abend im Saal.*
7. Beaucoup de jeunes enfants souffrent d'allergies.	*............ kleine Kinder leiden an Allergien.*
8. Beaucoup de bruit pour rien!	*............ Lärm für nichts.*
9. Il a donné de l'espoir à beaucoup de pauvres gens.	*Er hat .... armen Leuten Mut gegeben.*
10. On a jeté beaucoup de produits contaminés.	*............ verseuchte Produkte wurden weggeworfen.*

Score

... /10

Corrigés

1. Wenn es heiß ist, sollte man viel Wasser trinken.
2. Sie ist viel jünger als er.
3. Viele neue Studenten waren anwesend.
4. Die Deutschen trinken viel Bier.
5. Viele Leute leben unter dem Lebensminimum.
6. Es herrschte viel Emotion an jenem Abend im Saal.
7. Viele kleine Kinder leiden an Allergien.
8. Viel Lärm für nichts.
9. Er hat vielen armen Leuten Mut gegeben.
10. Viele verseuchte Produkte wurden weggeworfen.

Astuces et commentaires

- Une exception (il en faut bien une) : *viel**en** Dank*, bien que *Dank* soit indénombrable.

- *Viel* devant un adjectif ou adverbe est invariable.
  viel sauberes Wasser

- *Viele* + déclinaison forte de l'adjectif : *-e*
  viele kleine Kinder
  Mais au datif pluriel, comme toujours *n* partout :
  mit viele**n** kleine**n** Kinder**n**

- Notons : **Vieles** ist verschwiegen worden : **beaucoup de choses** ont été passées sous silence.

- Les interrogatifs qui correspondent sont :
  wieviel en un mot lorsque *viel* reste invariable
  wieviel reste souvent invariable, même au pluriel :
  wieviel Kinder sind krank?
  wie viel- en deux mots lorsqu'on souhaite décliner :
  wie viele Kinder sind krank?

- N'oublions pas *zahlreich-* (de nombreux), qui remplace parfois *viel-* afin de varier le lexique ou d'éviter les répétitions.

Fiche 19 — Bien : gut ou wohl ?

Rappel

gut : indique une qualité positive
wohl : signifie que l'on est à l'aise. Il signifie également « vraiment, probablement » dans le contexte d'une supposition.

Compléter !

1. Je ne me sens pas bien.	*Ich fühle mich nicht ....*
2. Tu as bien travaillé.	*Du hast .... gearbeitet.*
3. C'est bien possible.	*Es mag .... sein.*
4. Elle sera bien présente !	*Sie wird .... da sein!*
5. C'est bien ce que tu as fait.	*Es ist ...., was du gemacht hast.*
6. Tu as bien dormi ?	*Hast du .... geschlafen?*
7. Ils vivent bien depuis qu'elle gagne de l'argent.	*Sie leben ...., seitdem sie Geld verdient.*
8. Elle doit bien le savoir !	*Sie muss es .... wissen!*
9. Ils ont sans doute raison.	*Sie haben .... recht.*
10. Il faut bien le tenir.	*Du musst es .... festhalten.*

Score
... /10

Corrigés

1. Ich fühle mich nicht wohl.
2. Du hast gut gearbeitet.
3. Es mag wohl sein.
4. Sie wird wohl da sein!
5. Es ist gut, was du gemacht hast.
6. Hast du gut geschlafen?
7. Sie leben gut, seitdem sie Geld verdient.
8. Sie muss es wohl wissen!
9. Sie haben wohl recht.
10. Du musst es gut festhalten.

Astuces et commentaires

- *Wohl* devant un chiffre donne une idée d'approximation :

  Es waren wohl 50 Menschen im Saal : il y avait environ 50 personnes dans la salle.

- Les deux mots peuvent être utilisés dans la même phrase. Dans ce cas, cette dernière a un sens différent :

  es mag wohl sein : c'est bien possible
  es mag gut sein : il est possible que ce soit bien/bon.

  du hast wohl gearbeitet? : tu as sans doute travaillé ?
  du hast gut gearbeitet : tu as bien travaillé.

Fiche 20 Pour : damit ou um ... zu ?

Rappel

um ... zu quand le sujet de la principale et de la subordonnée est le même

damit + sujet + verbe conjugué quand les sujets sont différents

Compléter !

1. Je vais t'aider pour que tu puisses partir plus vite.	*Ich helfe dir, (schneller weg können)*
2. J'essaie de parler allemand pour faire des progrès.	*Ich versuche Deutsch zu sprechen, (Fortschritte machen)*
3. Il travaille pour gagner de l'argent.	*Er arbeitet, (Geld verdienen)*
4. Elle ne travaille pas afin d'élever nos enfants.	*Sie arbeitet nicht, (unsere Kinder groß ziehen)*
5. Il travaille pour qu'elle puisse rester à la maison.	*Er arbeitet, (sie zu Hause bleiben können)*
6. Expliquez-moi, pour que je ne fasse pas d'erreurs.	*Erklären Sie es mir, (keine Fehler machen)*
7. Je me dépêche pour ne pas arriver en retard.	*Ich beeile mich, (nicht zu spät kommen)*
8. Elle lui donne la main pour l'aider.	*Sie gibt ihm die Hand, (ihm helfen)*
9. Il lui achète un PC, pour qu'elle puisse surfer sur internet.	*Er kauft ihr einen PC, (auf Internet surfen können)*
10. Ils se soutiennent pour ne pas perdre courage.	*Sie unterstützen sich, (den Mut nicht verlieren)*

Score ... /10

Corrigés

1. Ich helfe dir, damit du schneller weg kannst.
2. Ich versuche Deutsch zu sprechen, um Fortschritte zu machen.
3. Er arbeitet, um Geld zu verdienen.
4. Sie arbeitet nicht, um unsere Kinder groß zu ziehen.
5. Er arbeitet, damit sie zu Hause bleiben kann.
6. Erklären Sie es mir, damit ich keine Fehler mache.
7. Ich beeile mich, um nicht zu spät zu kommen.
8. Sie gibt ihm die Hand, um ihm zu helfen.
9. Er kauft ihr einen PC, damit sie auf Internet surfen kann.
10. Sie unterstützen sich, um den Mut nicht zu verlieren.

Astuces et commentaires

- *Zu* s'intercale entre l'infinitif et le préverbe :

  ein/kaufen - Ich nehme das Auto, um ein**zu**kaufen.

- Dans le doute, sachez que *damit* marche toujours. Cela est néanmoins lourd car il faut répéter le sujet :

  Ich nehme das Auto, damit ich einkaufen kann.

Fiche 21

Certitude ou doute ? : müssen ou könnten ?

Rappel

müssen : exprime la quasi-certitude, surtout à l'indicatif
können : exprime un grand doute, surtout au subjonctif 2

Compléter !

1. Cela pourrait être juste, mais je n'en suis pas sûr.	*Es .... stimmen, aber ich bin mir nicht sicher.*
2. Je suis inquiet, ils devraient être rentrés depuis longtemps.	*Ich bin unruhig, sie .... längst zu Hause sein.*
3. Cela devrait aller comme ça.	*Es .... so gehen.*
4. Comme ils doivent être heureux !	*Wie glücklich .... sie sein!*
5. L'argent devrait suffire.	*Das Geld .... reichen.*
6. L'argent pourrait éventuellement suffire.	*Das Geld .... eventuell reichen.*
7. Il doit l'avoir fait, sinon elle ne réagirait pas comme ça.	*Er .... es getan haben, sonst würde sie nicht so reagieren.*
8. À cette heure, ils dorment déjà sans doute.	*Zu dieser Zeit .... sie schon schlafen.*
9. Il était sûrement déjà plus de minuit.	*Es .... schon längst über Mitternacht gewesen sein.*
10. Aucune idée, il était peut-être minuit.	*Es .... schon Mitternacht sein, keine Ahnung.*

Score

... /10

Corrigés

1. Es kann/könnte stimmen, aber ich bin mir nicht sicher.
2. Ich bin unruhig, sie müssten längst zu Hause sein.
3. Es müsste so gehen.
4. Wie glücklich müssen sie sein!
5. Das Geld müsste reichen.
6. Das Geld könnte eventuell reichen.
7. Er muss es getan haben, sonst würde sie nicht so reagieren.
8. Zu dieser Zeit müssen sie schon schlafen.
9. Es musste schon längst über Mitternacht gewesen sein.
10. Es konnte schon Mitternacht sein, keine Ahnung.

Astuces et commentaires

- Outre leur sens classique, les modaux expriment des nuances de certitude ou de doute plus ou moins marquées.

  er muss krank sein : il doit être malade (j'en suis presque sûr)
  er wird krank sein : il est sûrement malade
  er dürfte krank sein : il se pourrait qu'il soit malade
  er mag krank sein : il est probablement malade
  er könnte krank sein : il est possible qu'il soit malade
  (j'en doute fortement)

  Les nuances entre tous ces verbes sont subtiles, l'un pouvant être utilisé pour l'autre. Néanmoins, *müssen* et *können* sont les deux extrêmes.

- Deux autres verbes ont un sens bien particulier :

  er will krank sein : il prétend être malade (c'est sans doute faux)
  er soll krank sein : on dit/on rapporte qu'il est malade (nous n'avons pas d'avis)

Fiche 22 Changer : ändern ou verändern ?

Rappel

ändern : changer, modifier quelqu'un ou quelque chose radicalement
verändern : donner un autre aspect à quelque chose ou quelqu'un. C'est le résultat obtenu qui importe.

Compléter !

1. Cela a changé ma vie.	*Das hat mein Leben ....*
2. J'ai fait changer la longueur.	*Ich habe die Länge .... lassen.*
3. Il faut changer de direction.	*Wir müssen die Richtung ....*
4. Il faut que cela change, et vite !	*Das muss sich ...., und schnell!*
5. Nous voudrions tous changer le monde.	*Wir wollen alle die Welt ....*
6. Le temps change.	*Das Wetter .... sich.*
7. Elle a changé de comportement.	*Sie hat ihr Verhalten ....*
8. Cela change tout !	*Das .... alles!*
9. Je ne peux rien y changer.	*Ich kann nichts daran ....*
10. Il faut changer cette recette.	*Dieses Rezept muss .... werden.*

Score
... /10

Corrigés

1. Das hat mein Leben verändert.
2. Ich habe die Länge ändern lassen.
3. Wir müssen die Richtung ändern.
4. Das muss sich ändern, und schnell!
5. Wir wollen alle die Welt verändern.
6. Das Wetter ändert sich.
7. Sie hat ihr Verhalten geändert.
8. Das verändert alles!
9. Ich kann nichts daran ändern.
10. Dieses Rezept muss verändert werden.

Astuces et commentaires

- L'hésitation entre ces deux verbes est tout à fait compréhensible, se tromper n'empêche pas que l'on vous comprenne.
La question nous est pourtant souvent posée. Gardons à l'esprit que :
– *ändern* entraîne un changement radical, définitif
– *verändern* est moins radical.

Fiche 23 Changer : ändern ou wechseln ?

Rappel

wechseln : on troque un objet contre un autre
ändern : on modifie l'objet, on le transforme

Compléter !

1. Tu ne changeras donc jamais.	*Du wirst dich wohl nie ....*
2. J'ai dû changer la roue avant.	*Ich habe das Vorderrad .... müssen.*
3. Elle a bien changé ces dernières années.	*Sie hat sich in den letzten Jahren sehr ....*
4. Elle change constamment d'avis.	*Sie .... andauernd ihre Meinung.*
5. Il faut que je change mon bébé.	*Ich muss meinem Baby die Windeln ....*
6. J'ai changé de métier.	*Ich habe den Beruf ....*
7. Le temps change vite en montagne.	*Das Wetter .... schnell im Gebirge.*
8. Je change de vêtements quotidiennement.	*Ich .... meine Kleider jeden Tag.*
9. Le programme a été changé.	*Das Programm wurde ....*
10. J'ai fait retoucher ma robe.	*Ich habe mein Kleid .... lassen.*

Score
... /10

Corrigés

1. Du wirst dich wohl nie ändern.
2. Ich habe das Vorderrad wechseln müssen.
3. Sie hat sich in den letzten Jahren sehr verändert.
4. Sie ändert andauernd ihre Meinung.
5. Ich muss meinem Baby die Windeln wechseln.
6. Ich habe den Beruf gewechselt.
7. Das Wetter ändert schnell im Gebirge.
8. Ich wechsle meine Kleider jeden Tag.
9. Das Programm wurde geändert.
10. Ich habe mein Kleid ändern lassen.

Astuces et commentaires

- Quelques expressions bien utiles :
  changer de l'argent : Geld wechseln – Geld umtauschen
  der Wechsel = le change
  se changer : sich um/ziehen, sich um/kleiden
  changer de train : um/steigen (ie, ie)

- changer, transformer les mentalités : um/wandeln
  verwandeln : métamorphoser

- En politique, on utilise
  die Wende : le changement brutal, la chute du Mur par exemple.
  der Wandel : le changement
  die Umwälzung : le bouleversement, la révolution

Chez : bei ou zu ?

Rappel

bei : le lieu, la position
zu : le lieu, l'endroit où on se rend

Compléter !

1. Nous allons chez grand-mère.	*Wir fahren .... Großmutter.*
2. Je suis chez mon ami.	*Ich bin .... meinem Freund.*
3. Chez qui allons-nous ?	*........... wem gehen wir?*
4. Elles dorment chez leur mère.	*Sie schlafen .... ihrer Mutter.*
5. Tu peux aller chez Pierre.	*Du darfst .... Pierre.*
6. Ils mangent chez tante Anna.	*Sie essen .... Tante Anna.*
7. Tu dois aller chez le patron.	*Du sollst .... dem Chef.*
8. Ce week-end nous restons chez papa.	*Dieses Wochenende bleiben wir .... Vater.*
9. Elle est chez le médecin.	*Sie ist .... dem Arzt.*
10. Elle est invitée chez les voisins.	*Sie ist .... den Nachbarn eingeladen.*

Score

... /10

Corrigés

1. Wir fahren zu Großmutter.
2. Ich bin bei meinem Freund.
3. Zu wem gehen wir?
4. Sie schlafen bei ihrer Mutter.
5. Du darfst zu Pierre.
6. Sie essen bei Tante Anna.
7. Du sollst zum (zu dem) Chef.
8. Dieses Wochenende bleiben wir bei Vater.
9. Sie ist beim (bei dem) Arzt.
10. Sie ist bei den Nachbarn eingeladen.

Astuces et commentaires

- Exceptions :
  Ich bin zu Hause : je suis à la maison
  Ich fahre nach Hause : je vais à la maison.

- Bei dem = beim
  zu dem = zum
  zu + der = zur

- Ne jamais confondre *bei* et *by* anglais. Les deux mots ne recouvrent absolument pas les mêmes réalités grammaticales.

Chose : Ding ou Sache ?

Rappel

das Ding (e) : la chose concrète
die Sache (n) : l'affaire, les affaires

Compléter !

1. Prends tes affaires et disparais.	*Nimm deine .... und verschwinde.*
2. Ces choses-là sont compliquées.	*Solche .... sind kompliziert.*
3. Ces choses nous concernent tous.	*Diese .... gehen uns alle etwas an.*
4. Qu'est-ce que c'est que cette horrible chose ?	*Was ist das denn für ein scheußliches ....?*
5. Ce sont les choses de la vie.	*Es sind die .... des Lebens.*
6. C'est l'affaire de la justice.	*Es ist die .... der Justiz.*
7. Il raconte de drôles de choses.	*Er erzählt seltsame ....*
8. J'ai besoin de nouvelles affaires cet hiver.	*Ich brauche neue .... zum Anziehen diesen Winter.*
9. C'est une affaire de goût.	*Es ist eine Geschmacks............ .*
10. J'ai mille choses à faire aujourd'hui.	*Ich habe tausend .... zu erledigen heute.*

Score

... /10

Corrigés

1. Nimm deine Sachen und verschwinde.
2. Solche Dinge sind kompliziert.
3. Diese Dinge gehen uns alle etwas an.
4. Was ist das denn für ein scheußliches Ding?
5. Es sind die Dinge des Lebens.
6. Es ist die Sache der Justiz.
7. Er erzählt seltsame Dinge.
8. Ich brauche neue Sachen diesen Winter.
9. Es ist eine Geschmackssache.
10. Ich habe tausend Sachen/Dinge zu erledigen heute.

Astuces et commentaires

- Les deux mots sont souvent synonymes. Néanmoins :
  - **das Ding** est plutôt utilisé quand on veut ajouter un soupçon d'humour, un peu de mépris ou dans la langue de la rue (le truc/le machin), dans des contextes qui nécessitent un peu de pudeur (les choses de la vie)
  - **die Sachen** est utilisé pour les vêtements. Les jeunes disent « *Sachen zum Anziehen* » pour *Kleider*.

- **Notons :**
  - **Die Affäre (n)**

    Sie haben eine Affäre : ils sont amants.

    die Affären in der Politik : les affaires politiques, les scandales
  - **Die Angelegenheit (en) :**

    Ce ne sont pas tes affaires :

    Es sind nicht deine Angelegenheiten.

    Occupe-toi de tes affaires :

    Kümmere dich um deine Angelegenheiten.

Fiche 26 Commencer : anfangen, allmählich ou zuerst ?

Rappel

anfangen/beginnen mit : commencer à/commencer par
allmählich/langsam : commencer tout doucement / peu à peu
zuerst : commencer tout d'abord par

Compléter !

1. Tu commences à me fatiguer !	*Du gehst mir .... auf die Nerven!*
2. J'ai commencé la préparation.	*Ich habe mit der Vorbereitung ....*
3. Il commence à faire chaud.	*Es wird .... heiß.*
4. Elle commence par faire les courses.	*Sie geht .... einkaufen.*
5. La fatigue commence à gagner.	*Wir werden .... müde.*
6. Nous commencerons par éplucher les légumes.	*Wir werden .... das Gemüse schälen.*
7. À 11 heures, les élèves commencent à avoir faim.	*Um 11 bekommen die Schüler .... Hunger.*
8. Ça commence à faire beaucoup pour une seule personne !	*Es wird .... zu viel für eine Person allein!*
9. Nous commençons par les exercices.	*Wir .... mit den Übungen.*
10. Commencez sans moi !	*............ ohne mich .... !*

Score ... /10

Corrigés

1. Du gehst mir allmählich/langsam auf die Nerven!
2. Ich habe mit der Vorbereitung begonnen/angefangen.
3. Es wird langsam heiß.
4. Sie geht zuerst einkaufen.
5. Wir werden langsam/allmählich müde.
6. Wir werden zuerst das Gemüse schälen.
7. Um 11 bekommen die Schüler langsam Hunger.
8. Es wird allmählich zu viel für eine Person allein!
9. Wir beginnen mit den Übungen.
10. Fangt ohne mich an!

Astuces et commentaires

- Attention à la construction :
  anfangen/beginnen mit + datif
  ou
  anfangen/beginnen + infinitive
  Ich beginne mit der Gymnastik/ich fange mit der Gymnastik an.
  Es beginnt, schwer zu werden/es fängt an, schwer zu werden.

- Attention à ne pas confondre *nämlich* (car) et *allmä**h**lich* (peu à peu).

Fiche 27

Demander ou proposer : bitten, bieten ?

Rappel

bitten, bat, hat gebeten : demander, supplier
(an)bieten, bot an, hat angeboten : proposer

Compléter !

1. Puis-je te demander cela ?	*Darf ich dich darum ....?*
2. Je te propose de garder ton chien pendant les vacances.	*Ich .... dir ...., deinen Hund in den Ferien zu betreuen.*
3. Je lui ai proposé de l'aide.	*Ich habe ihm Hilfe ....*
4. Puis-je vous demander un renseignement ?	*Darf ich Sie um eine Auskunft ....?*
5. Mais je vous en prie !	*Aber ich .... Sie!*
6. Je t'ai demandé de rester c hez mamie.	*Ich habe dich ...., bei Oma zu bleiben.*
7. Je t'ai demandé de faire les courses !	*Ich hatte dich darum ...., einkaufen zu gehen!*
8. Puis-je vous proposer quelque chose à boire ?	*Darf ich Ihnen etwas zu trinken ....?*
9. J'ai demandé l'autorisation.	*Ich habe um Erlaubnis ....*
10. Il faut proposer quelque chose à nos clients.	*Wir müssen unseren Kunden etwas ....*

Score
... /10

Corrigés

1. Darf ich dich darum bitten?
2. Ich biete dir an, deinen Hund in den Ferien zu betreuen.
3. Ich habe ihm Hilfe angeboten.
4. Darf ich Sie um eine Auskunft bitten?
5. Aber ich bitte Sie!
6. Ich habe dich gebeten, bei Oma zu bleiben.
7. Ich hatte dich darum gebeten, einkaufen zu gehen!
8. Darf ich Ihnen etwas zu trinken anbieten?
9. Ich habe um Erlaubnis gebeten.
10. Wir müssen unseren Kunden etwas bieten.

Astuces et commentaires

- Attention à ne pas confondre ces verbes avec un troisième : *beten*, *betete*, *hat gebetet* : faire une prière, prier (Dieu).

- *Bitten* exige la préposition *um* + l'accusatif.

- **Fragen signifie uniquement « poser une question » !**

- Demander avec plus d'insistance :
  verlangen : demander instamment
  fordern : avoir des revendications salariales, syndicales, etc.

- Avoir une demande plus abstraite :
  erfordern : demander du temps, réclamer du courage, nécessiter des efforts, etc.

- N'oublions pas
  fragen nach : demander dans le sens de s'enquérir
  nach dem Weg fragen : demander son chemin
  etwas beantragen : faire une demande officielle (la nationalité/des allocations, etc.)

Fiche 28 **denn ou dann ?**

Rappel

Ce sont des adverbes.
denn *signifie car. Il introduit une explication.*
dann *signifie ensuite, puis. Il donne une précision temporelle.*

Compléter !

1. On sort, car il fait beau.	*Wir gehen raus, ... es ist schön.*
2. Ensuite nous irons au restaurant.	*............ gehen wir ins Restaurant.*
3. Ensuite seulement nous passerons te voir.	*Erst .... kommen wir bei dir vorbei.*
4. Je reste au lit, car j'ai de la fièvre.	*Ich bleibe im Bett, ... ich habe Fieber.*
5. Je me dépêche, car je suis en retard.	*Ich beeile mich, ... ich habe Verspätung.*
6. Je lui demande, ensuite je t'appelle.	*Ich frage ihn, ... rufe ich dich an.*
7. Je suis fatigué, car j'ai fait trois heures de sport.	*Ich bin müde, ... ich habe drei Stunden Sport gemacht.*
8. Rentre à la maison, nous parlerons ensuite.	*Komm nach Hause, ... reden wir.*
9. Il fit des courses, puis rentra en bus.	*Er ging einkaufen, fuhr .... mit dem Bus nach Hause.*
10. D'abord on est allé en vacances, puis on a déménagé.	*Zuerst sind wir in Urlaub gefahren, ... sind wir umgezogen.*

Score
... /10

Corrigés

1. Wir gehen raus, denn es ist schön.
2. Dann gehen wir ins Restaurant.
3. Erst dann kommen wir bei dir vorbei.
4. Ich bleibe im Bett, denn ich habe Fieber.
5. Ich beeile mich, denn ich habe Verspätung.
6. Ich frage ihn, dann rufe ich dich an.
7. Ich bin müde, denn ich habe drei Stunden Sport gemacht.
8. Komm nach Hause, dann reden wir.
9. Er ging einkaufen, fuhr dann mit dem Bus nach Hause.
10. Zuerst sind wir in Urlaub gefahren, dann sind wir umgezogen.

Astuces et commentaires

- **Attention à la place du verbe conjugué** :

  Denn (tout comme *aber*, *oder*, *und*) est suivi du sujet puis du verbe.
  Dann est suivi immédiatement du verbe conjugué.

- **Attention à la place de ces adverbes dans la phrase :**

  Denn est toujours en première position : ..., denn er kam etwas später.
  Dann peut être en première position, soit s'intégrer dans la phrase
  Dann kam er endlich.
  Er kam dann endlich.

- Attention : « Et puis » peut avoir deux sens en français et ne se traduit donc pas systématiquement par « *und dann* ».

  Exemple : Je suis fatigué et puis je n'ai aucune envie.

  Dans ce cas, il s'agit d'un rajout, d'une énumération. On traduira donc par *außerdem* (en outre/de plus) :

  Ich bin müde, außerdem habe ich keine Lust.

Fiche 29 Devoir : müssen ou sollen ?

Rappel

müssen *: (1) obligation, contrainte que l'on s'inflige soi-même. (2) la probabilité*
sollen *: (1) obligation, contrainte venant de l'extérieur. (2) Les interdits. (3) « on dit que ... »*

Compléter !

1. Je dois aller chez le dentiste.	*Ich .... zum Zahnarzt.*
2. Tu devrais appeler ton père.	*Du .... deinen Vater anrufen.*
3. Cela doit être difficile pour elle.	*Es .... schwer für sie sein.*
4. Il doit être à la maison maintenant.	*Er .... jetzt zu Hause sein.*
5. Tu ne dois pas faire cela !	*Du .... das nicht tun!*
6. Je dois me lever tôt demain matin.	*Ich .... morgen früh aufstehen.*
7. Il veut que nous travaillions régulièrement.	*Wir .... regelmäßig arbeiten.*
8. On dit qu'il est arrivé.	*Er .... angekommen sein.*
9. Tu ne tueras point.	*Du .... nicht töten*
10. J'ai dû l'emmener d'urgence à l'hôpital.	*Ich habe ihn dringend ins Krankenhaus fahren ....*

Score ... /10

Corrigés

1. Ich muss zum Zahnarzt.
2. Du solltest deinen Vater anrufen.
3. Es muss schwer für sie sein.
4. Er muss jetzt zu Hause sein.
5. Du sollst das nicht tun!
6. Ich muss morgen früh aufstehen.
7. Wir sollen regelmäßig arbeiten.
8. Er soll angekommen sein.
9. Du sollst nicht töten.
10. Ich habe ihn dringend ins Krankenhaus fahren müssen.

Astuces et commentaires

- Bien faire la différence :

  Ich muss zum Zahnarzt : je dois y aller, j'ai trop mal. Je n'ai pas le choix.
  Ich soll zum Zahnarzt : on me dit d'y aller. Pas trop envie.
  Ich sollte zum Zahnarzt : je devrais y aller si j'étais courageux. Je n'irai sans doute pas.
  Notez bien : On utilise souvent *sollen* lorsqu'on rapporte les propos de quelqu'un ou une information sans ajouter un avis personnel :

  Er soll gestorben sein : on dit qu'il est mort.

- Une expression à retenir :

  Ich muss mal = je dois aller aux toilettes.

- Double infinitif

  N'oublions pas : lorsqu'un auxiliaire de mode est précédé d'un infinitif (aux temps du passé), il se met lui-même à l'infinitif et non pas au participe passé :

  ich habe gemusst/gesollt : j'ai dû
  Mais :
  ich habe fahren müssen/sollen : j'ai dû y aller.

- Le subjonctif 2 de ces verbes est très fréquent :

  ich müsste, ich sollte : je devrais.

Devoir : sollen ou sollten ?

Rappel

sollen : indicatif

sollten : subjonctif 2, correspond au conditionnel français

Compléter !

1. Tu fais le ménage ou je dois le faire ?	*Machst du den Haushalt, oder ………… ich das machen?*
2. Il faudrait profiter de chaque nouvelle journée.	*Man ………… jeden neuen Tag genießen.*
3. Je dois faire des exercices de maths tous les jours.	*Ich ………… jeden Tag Matheübungen machen.*
4. Il faudrait faire plus pour l'intégration des étrangers.	*Es ………… mehr für die Integration der Ausländer gemacht werden.*
5. Il ne faudrait pas exagérer quand même !	*Man ………… es jedoch nicht übertreiben!*
6. Ne devrais-tu pas arrêter de fumer ?	*………… du nicht mit dem Rauchen aufhören?*
7. Tu devrais aller te faire couper les cheveux.	*Du ………… dir die Haare schneiden lassen.*
8. Nous devrions plus nous occuper de grand-mère.	*Wir ………… uns mehr um Oma kümmern.*
9. Ils doivent apporter leurs maillots de bain.	*Sie ………… ihre Badehosen mitnehmen.*
10. Tu ne dois pas oublier tes affaires.	*Du ………… deine Sachen nicht vergessen.*

Score

… /10

Corrigés

1. Machst du den Haushalt, oder soll ich das machen?
2. Man sollte jeden neuen Tag genießen.
3. Ich soll jeden Tag Matheübungen machen.
4. Es sollte mehr für die Integration der Ausländer gemacht werden.
5. Man sollte es nicht übertreiben!
6. Solltest du nicht mit dem Rauchen aufhören?
7. Du solltest dir die Haare schneiden lassen.
8. Wir sollten uns mehr um Oma kümmern.
9. Sie sollen ihre Badehosen mitnehmen.
10. Du sollst deine Sachen nicht vergessen.

Astuces et commentaires

- *Sollen* au subjonctif 2 apporte une nuance de conseil, de doute, de regret, d'irritation, des nuances personnelles et donc subjectives :

  Ich sollte zum Zahnarzt : je devrais y aller, mais je n'en ai aucune envie.
  Du solltest aus der Sonne gehen : tu devrais éviter le soleil, c'est un bon conseil.
  Sollte ich den Haushalt machen? : je devrais faire le ménage ? Ce n'est pas mon tour !

Fiche 31 — Différent : verschieden ou unterschiedlich ?

Rappel

verschieden : a un sens pluriel, exprime une quantité
unterschiedlich : note la diversité, le caractère distinctif, une qualité

Compléter !

1. Ils étaient d'avis différents.	*Sie waren ....er Meinung.*
2. Différentes méthodes furent expérimentées.	*............ e Methoden wurden ausprobiert.*
3. La situation financière des pays de l'UE n'est pas la même.	*Die Finanzlage der EU-Länder ist ....*
4. Nous avons testé différents produits.	*Wir haben ....e Produkte getestet.*
5. Il y avait différents desserts.	*Es gab ....e Nachspeisen.*
6. Nos jumeaux sont très différents.	*Unsere Zwillinge sind sehr ....*
7. Les intérêts de nos étudiants sont différents.	*Die Interessen unserer Studenten sind ....*
8. On peut voir les choses différemment.	*Man kann die Dinge .... sehen.*
9. Les systèmes entre la RDA et la RFA étaient différents.	*Die Systeme zwischen der DDR und der BRD waren ....*
10. Pierre et Jacques sont d'un avis différent.	*Pierre und Jacques sind .... er Meinung.*

Score ... /10

Corrigés

1. Sie waren verschiedener/unterschiedlicher Meinung.
2. Verschiedene/unterschiedliche Methoden wurden ausprobiert.
3. Die Finanzlage der EU-Länder ist unterschiedlich.
4. Wir haben verschiedene Produkte getestet.
5. Es gab verschiedene Nachspeisen.
6. Unsere Zwillinge sind sehr verschieden.
7. Die Interessen unserer Studenten sind unterschiedlich.
8. Man kann die Dinge unterschiedlich sehen.
9. Die Systeme zwischen der DDR und der BRD waren unterschiedlich/verschieden.
10. Pierre und Jacques sind unterschiedlicher Meinung.

Astuces et commentaires

- La nuance est souvent subtile.
  Parfois une même phrase peut supporter les deux mots :
  Sie sind verschiedener Meinung. L'accent est mis sur le nombre.
  Sie sind unterschiedlicher Meinung : leurs avis divergent.
  C'est la qualité, le contenu de leurs divergences qui est accentué.

- Une autre façon d'exprimer la différence : *ander*- synonyme de *verschieden*-
  Es ist ganz anders : c'est tout à fait différent.
  Andere Produkte wurden getestet : d'autres produits ont été testés.

Fiche 32 Baisser : sinken ou senken ?

Rappel

sinken : verbe intransitif. Sans objet, qu'il soit direct ou indirect.

senken : verbe transitif direct. Le sujet est actif.

Compléter !

1. Les prix baissent.	*Die Preise ....*
2. La natalité a baissé en Allemagne.	*Die Geburtenrate ist in Deutschland ....*
3. Elle a baissé la tête.	*Sie hat den Kopf ....*
4. Le gouvernement veut baisser les impôts.	*Die Regierung will die Steuern ....*
5. Le traitement des fonctionnaires a été baissé.	*Die Gehälter der Beamten wurden ....*
6. Les vols low cost ont fait baisser les prix.	*Die low cost Flüge haben die Preise .... lassen.*
7. La fièvre a enfin baissé.	*Das Fieber ist endlich ....*
8. Il a baissé dans les sondages.	*Er ist in den Umfragen ....*
9. Le niveau des eaux a baissé.	*Der Wasserstand ist ....*
10. Le commerçant a baissé le prix des fruits.	*Der Händler hat den Obstpreis ....*

Score ... /10

Corrigés

1. Die Preise sinken.
2. Die Geburtenrate ist in Deutschland gesunken.
3. Sie hat den Kopf gesenkt.
4. Die Regierung will die Steuern senken.
5. Die Gehälter der Beamten wurden gesenkt.
6. Die low cost Flüge haben die Preise sinken lassen.
7. Das Fieber ist endlich gesunken.
8. Er ist in den Umfragen gesunken.
9. Der Wasserstand ist gesunken.
10. Der Händler hat den Obstpreis gesenkt.

Astuces et commentaires

- ***Sinken (a, u)*** – verbe irrégulier. Il ne peut pas avoir de sujet actif. Avec *sinken* nous aurons comme sujet grammatical : les prix, le cours des actions, la fièvre, le niveau de l'eau, un bateau …

- L'auxiliaire pour former les temps composés de ce verbe est *sein*, puisqu'il y a mouvement.

- **Senken** – verbe régulier. C'est le correspondant transitif de *sinken*. Le sujet est actif : c'est le patron qui baisse les salaires, l'épicier qui baisse les prix.

- L'auxiliaire pour former les temps composés de ce verbe est *haben*.

- Sinken peut être souvent remplacé par *fallen (ä, ie, a)* :

  Die Kurse/die Preise fallen.

Fiche 33 — Dont : dessen, deren ou préposition + cas ?

Rappel

deren, dessen : génitif – complément du nom
préposition + cas : selon la rection du verbe ou de l'adjectif

Compléter !

1. Le jeune dont je te parle....	*Der Jugendliche, ... ich dir erzähle ...*
2. L'étudiante dont les parents sont à l'étranger...	*Die Studentin, ... Eltern im Ausland leben ....*
3. La ville dont je suis originaire ...	*Die Stadt , ... ich komme ....*
4. Les gens dont elle dépend...	*Die Leute, ... sie abhängt ....*
5. La tendance dont il est question...	*Der Trend, ... die Rede ist ....*
6. Les pays dont l'économie est en difficulté...	*Die Länder, ... Wirtschaft in Gefahr ist ....*
7. C'est un résultat dont tu peux être fier.	*Es ist ein Ergebnis, ... das du stolz sein kannst.*
8. L'entreprise dont il est le propriétaire...	*Das Unternehmen, ... Besitzer er ist ....*
9. L'auteur dont le roman est un best-seller...	*Der Autor, ... Roman ein Bestseller ist ....*
10. L'enfant dont la mère est décédée,...	*Das Kind, ... Mutter gestorben ist ...*

Score ... /10

Corrigés

1. Der Jugendliche, **von** dem ich dir erzähle ...
2. Die Studentin, deren Eltern im Ausland leben ...
3. Die Stadt , **aus** der ich komme …
4. Die Leute, **von** denen sie abhängt …
5. Der Trend, **von** dem die Rede ist ...
6. Die Länder, deren Wirtschaft in Gefahr ist ...
7. Es ist ein Ergebnis, **auf** das du stolz sein kannst.
8. Das Unternehmen, dessen Besitzer er ist ...
9. Der Autor, dessen Roman ein Bestseller ist ...
10. Das Kind, dessen Mutter gestorben ist ...

Astuces et commentaires

- Rappel :
  deren pour un antécédent au féminin et au pluriel
  dessen pour un antécédent au masculin et au neutre

- Mais il faut absolument perdre l'habitude de rendre systématiquement ***dont*** par *deren* ou *dessen*. ***Dont*** dépend souvent de la rection du verbe, du substantif ou de l'adjectif qui suit.

- Quelques variantes:
  – la façon dont il me traite :
  die Art, wie er mich behandelt
  – ce dont je me souviens :
  das, woran ich mich erinnere…

Fiche 34

Écouter : hören, hören auf, zuhören, anhören ?

Rappel

hören : entendre, écouter
auf jdn hören : suivre les conseils de quelqu'un, obéir
jemandem zuhören / sich etwas anhören : écouter avec attention

Compléter !

1. Écoute-moi !	*............ mir ....!*
2. Il a écouté de la musique toute la soirée.	*Er hat den ganzen Abend Musik ....*
3. J'ai écouté attentivement son histoire.	*Ich habe mir ihre Geschichte ....*
4. Tu peux m'écouter quelques minutes ?	*Kannst du mir einige Minuten ....?*
5. Les enfants n'écoutent pas leur grand-père.	*Die Kinder .... nicht .... auf ihren Opa.*
6. Je l'ai entendu rentrer cette nuit.	*Ich habe ihn diese Nacht heimkommen ....*
7. J'ai écouté assez longtemps tes mensonges.	*Ich habe mir lange genug deine Lügen ....*
8. Écoute les conseils de ton père.	*............ .... deinen Vater.*
9. Les enfants ont écouté sans broncher.	*Die Kinder haben ohne zu murren ....*
10. Je ne veux plus rien entendre !	*Ich will nichts mehr davon ....!*

Score ... /10

Corrigés

1. Hör mir zu!
2. Er hat den ganzen Abend Musik gehört.
3. Ich habe mir ihre Geschichte angehört.
4. Kannst du mir einige Minuten zuhören?
5. Die Kinder hören nicht auf ihren Opa.
6. Ich habe ihn diese Nacht heimkommen hören.
7. Ich habe mir lange genug deine Lügen angehört.
8. Hör auf deinen Vater.
9. Die Kinder haben ohne zu murren zugehört.
10. Ich will nichts mehr davon hören!

Astuces et commentaires

- *Hören* est un verbe de perception. Il exige donc un double infinitif aux temps du passé quand il est précédé d'un infinitif :

  Ich habe ihn gehört

  Mais :

  Ich habe ihn nach Hause kommen hören.

- Quelques expressions utiles :

  J'en ai entendu parler : ich habe davon gehört.
  Donne de tes nouvelles ! : lass von dir hören!
  Il entend mal/il est sourd : er hört schlecht.

Fiche 35 — Confusions : einig, einzig ou eigen ?

Rappel

einig- : *quelques*
einzig- : *le seul, l'unique*
eigen : *personnel, en propre*

Compléter !

1.	Je n'ai qu'une seule fille.	*Ich habe nur eine ....e Tochter.*
2.	Notre fils a sa propre voiture.	*Unser Sohn hat sein ....es Auto.*
3.	Il était le seul à le savoir.	*Er war der ....e, der es wusste.*
4.	Elle n'a pas fait une seule erreur !	*Sie hat keinen ....en Fehler gemacht!*
5.	Il n'était pas là quelques jours.	*Er war ....e Tage nicht da.*
6.	Il y eu quelques problèmes à la maison.	*Es gab ....e Probleme zu Hause.*
7.	Nous avons réussi par nos propres moyens.	*Wir haben es durch unsere .... en Mittel geschafft.*
8.	On n'en a pas parlé une seule fois.	*Wir haben kein ....es Mal darüber gesprochen.*
9.	Ils l'ont élevée comme leur propre fille.	*Sie haben sie wie ihre ....e Tochter erzogen.*
10.	J'ai ma propre façon de travailler.	*Ich habe meine ....e Art zu arbeiten.*

Score ... /10

Corrigés

1. Ich habe nur eine einzige Tochter.
2. Unser Sohn hat sein eigenes Auto.
3. Er war der Einzige, der es wusste.
4. Sie hat keinen einzigen Fehler gemacht!
5. Er war einige Tage nicht da.
6. Es gab einige Probleme zu Hause.
7. Wir haben es durch unsere eigenen Mittel geschafft.
8. Wir haben kein einziges Mal darüber gesprochen.
9. Sie haben sie wie ihre eigene Tochter erzogen.
10. Ich habe meine eigene Art zu arbeiten.

Astuces et commentaires

- Quelques substantifs peuvent aider à la juste mémorisation de *eigen*- :
  das *Eigentum* : la propriété,
  der *Eigentümer* : le propriétaire.

- Lorsqu'il est suivi d'un adjectif, *einig*- exige la déclinaison forte de l'adjectif :
  einig**e** klein**e** Kinder/mit einig**en** schwach**en** Schülern/
  die Eltern einig**er** klein**er** Kinder …

Fiche 36 Entre : zwischen ou unter ?

Rappel

zwischen : position entre deux objets ou deux personnes
unter : parmi

Compléter !

1. Il sera bientôt de nouveau parmi nous.	*Er ist bald wieder .... uns.*
2. Entre deux travaux, je me repose.	*........... zwei Arbeiten ruhe ich mich aus.*
3. C'est le meilleur entre tous.	*Er ist der beste .... uns.*
4. Prends la route entre les deux maisons.	*Nimm die Straße .... den zwei Häusern.*
5. C'est l'artiste le plus connu parmi ses pairs.	*Es ist der bekannteste Künstler .... seinesgleichen.*
6. Tout va bien entre lui et moi.	*Alles ist bestens .... ihm und mir.*
7. Les riches restent toujours entre eux.	*Die Reichen bleiben .... sich.*
8. Entre ces deux voisins règne la discorde.	*........... diesen beiden Nachbarn herrscht Unfriede.*
9. Ils avaient entre 20 et 25 ans.	*Sie waren .... 20 und 25.*
10. L'enfant a été placé entre ses parents.	*Das Kind wurde .... seine Eltern gesetzt.*

Score ... /10

Corrigés

1. Er ist bald wieder unter uns.
2. Zwischen zwei Arbeiten ruhe ich mich aus.
3. Er ist der beste unter uns.
4. Nimm die Straße zwischen den zwei Häusern.
5. Es ist der bekannteste Künstler unter seinesgleichen.
6. Alles ist bestens zwischen ihm und mir.
7. Die Reichen bleiben unter sich.
8. Zwischen diesen beiden Nachbarn herrscht Unfriede.
9. Sie waren zwischen 20 und 25.
10. Das Kind wurde zwischen seine Eltern gesetzt.

Astuces et commentaires

- Attention à :

  beaucoup d'entre nous = viele **von** uns

- *Zwischen* est quasiment toujours suivi du datif pluriel : donc **n** aux déterminants, aux adjectifs et aux substantifs :

  Er sitzt zwischen seine**n** älteren**n** Geschwister**n**.

  sauf quand il y a mouvement, déplacement. Dans ce cas le directif nécessite l'accusatif :

  Er setzt sich zwischen sein**e** älteren Geschwist**er**.

Fiche 37 Essayer : versuchen ou (an)probieren ?

Rappel

Les deux sont souvent synonymes.
***Probieren** est utilisé dans le sens de goûter un aliment ou une boisson. **Anprobieren** : essayer un vêtement.*

➾ *Compléter !*

1. C'est délicieux. Tu veux essayer ?	*Es ist lecker. Willst du ....?*
2. J'essaierai de faire mieux la prochaine fois.	*Ich will ...., es das nächste Mal besser zu machen.*
3. Essaie encore !	*............ es noch einmal!*
4. Il a essayé tous les jeans du magasin.	*Er hat alle Jeans des Ladens ....*
5. Tu devrais essayer de faire cet exercice.	*Du solltest ...., diese Übung zu machen.*
6. Essaye donc de publier ton travail.	*............ doch, deine Arbeit zu veröffentlichen.*
7. J'aimerais essayer cette robe.	*Ich möchte dieses Kleid ....*
8. Je vais essayer de m'améliorer.	*Ich werde ...., mich zu bessern.*
9. Tu veux essayer la sauce ?	*Willst du die Soße ....?*
10. Je vais essayer par le biais d'une petite annonce.	*Ich werde es durch eine Anzeige ....*

Score ... /10

Corrigés

1. Es ist lecker. Willst du probieren?
2. Ich will versuchen, es das nächste Mal besser zu machen.
3. Probier/versuch es noch einmal!
4. Er hat alle Jeans des Ladens anprobiert.
5. Du solltest versuchen, diese Übung zu machen.
6. Versuch doch, deine Arbeit zu veröffentlichen.
7. Ich möchte dieses Kleid anprobieren.
8. Ich werde versuchen, mich zu bessern.
9. Willst du die Soße probieren?
10. Ich werde es durch eine Anzeige versuchen.

Astuces et commentaires

- *Probieren* relève d'un langage plus familier que *versuchen*.
- Un synonyme de *probieren* dans le sens de « goûter un aliment » est *kosten* :
  Willst du die Soße kosten?
- Ne confondons pas ***an****probieren* et ***aus****probieren*.
  Aus/probieren signifie esssayer dans le sens de tester (un médicament, une méthode).

Fiche 38 Être couché : liegen ou legen ?

Rappel

liegen : être couché. Indique une position.
legen : coucher, poser. Indique un mouvement.

Compléter !

1. Allonge-toi un peu !	*………… dich etwas hin!*
2. Le chien est couché sous la table.	*Der Hund ………… unter dem Tisch.*
3. Il a mis le linge propre dans l'armoire.	*Er hat die saubere Wäsche in den Schrank ………… .*
4. Pose les valises sur le lit.	*………… die Koffer aufs Bett.*
5. Elle s'est immédiatement couchée en rentrant.	*Sie hat sich sofort …………, als sie nach Hause kam.*
6. Nous étions déjà couchés quand il rentra.	*Wir ………… schon im Bett, als er heimkam.*
7. Il faut coucher les enfants.	*Wir müssen die Kinder ins Bett ………… .*
8. Tes outils sont dans la cave.	*Dein Werkzeug ………… im Keller.*
9. Pose tes affaires là !	*………… deine Sachen da hin!*
10. Je mets le courrier sur ton bureau.	*Ich ………… die Post auf deinen Arbeitstisch.*

Score … /10

Corrigés

1. Leg dich etwas hin!
2. Der Hund liegt unter dem Tisch.
3. Er hat die saubere Wäsche in den Schrank gelegt.
4. Leg die Koffer aufs Bett.
5. Sie hat sich sofort hingelegt, als sie nach Hause kam.
6. Wir lagen schon im Bett, als er heimkam.
7. Wir müssen die Kinder ins Bett legen.
8. Dein Werkzeug liegt im Keller.
9. Leg deine Sachen da hin!
10. Ich lege die Post auf deinen Arbeitstisch.

Astuces et commentaires

- **Attention** à la conjugaison de ces verbes :
  liegen est un verbe irrégulier, *legen* est un verbe régulier
  ich liege – ich lege/ich lag – ich legte

- S'allonger *sich hin/legen*/déposer quelque chose quelque part : *hin/legen*.
  L'allemand aime préciser les mouvements à l'aide de *hin* et de *her*. (Voir fiche 78)

- En allemand, la position d'une personne ou d'un objet est plus précise qu'en français.
  Alors qu'on utilise souvent le verbe *être* en français, l'allemand va utiliser un verbe de position :
  Le courrier est sur la table : Die Post liegt auf dem Tisch.
  Le papier est dans le tiroir : Das Papier liegt in der Schublade.

- Coucher un enfant se dit le plus souvent : ein Kind ins Bett bringen.

- Les emplacements géographiques sont indiqués avec *liegen* :
  Köln liegt am Rhein/Frankfurt liegt am Main.

Fiche 39 Être debout : stehen ou stellen ?

Rappel

stehen : être debout. Indique une position.
stellen : mettre debout. Indique un mouvement.

Compléter !

1. Mets-toi là !	*............ dich hier hin!*
2. Anna se tenait à côté de la fenêtre.	*Anna hat neben dem Fenster ....*
3. Elle a mis le vase sur la table.	*Sie hat die Vase auf den Tisch ....*
4. Le canapé est dans le salon.	*Das Sofa .... im Wohnzimmer.*
5. Nous étions debout dans la cuisine.	*Wir .... in der Küche.*
6. L'arbre est au milieu de la place.	*Der Baum .... mitten auf dem Platz.*
7. Je n'aime pas manger debout.	*Ich esse nicht gern im ....*
8. Le repas est servi.	*Das Essen .... auf dem Tisch.*
9. Mets les livres sur l'étagère.	*............ die Bücher ins Regal.*
10. Il s'est placé à côté de moi.	*Er hat sich neben mich ....*

Score ... /10

Corrigés

1. Stell dich hier hin!
2. Anna hat neben dem Fenster gestanden.
3. Sie hat die Vase auf den Tisch gestellt.
4. Das Sofa steht im Wohnzimmer.
5. Wir standen in der Küche/haben in der Küche gestanden.
6. Der Baum steht mitten auf dem Platz.
7. Ich esse nicht gern im Stehen.
8. Das Essen steht auf dem Tisch.
9. Stell die Bücher ins Regal.
10. Er hat sich neben mich gestellt.

Astuces et commentaires

- **Attention** à la conjugaison de ces verbes. *Stehen* est un verbe irrégulier. *Stellen* est un verbe régulier :

  ich stehe – ich stand/ich stelle – ich stellte

- En allemand, la position d'une personne ou d'un objet est plus précise qu'en français.
  Alors qu'on utilise souvent le verbe *être* en français, l'allemand va utiliser un verbe de position :

  Pose le verre sur la table : Stell das Glas auf den Tisch.
  Le verre est sur la table : Das Glas steht auf dem Tisch.

- *Stehen* et *stellen* sont souvent construits avec des préverbes :

  auf/stehen : se lever le matin
  hin/stellen : poser quelque chose quelque part (pour *hin* et *her* voir fiche 78)
  aus/stellen : exposer
  etc.

Fiche 40 Être ou avoir : sein ou haben ?

Rappel

Ils servent à construire les temps du passé.
Sein *avec les verbes intransitifs indiquant un changement de lieu ou d'état.*
Haben *avec les verbes transitifs, les intransitifs indiquant une durée.*

Compléter !

1. On a mangé au restaurant.	*Wir .... im Restaurant gegessen.*
2. Il est allé à la piscine.	*Er .... ins Schwimmbad gegangen.*
3. Nous sommes en vacances.	*Wir .... Ferien.*
4. Il a acheté une nouvelle voiture.	*Er .... einen neuen Wagen gekauft.*
5. C'était elle !	*Sie .... es!*
6. Tu es complètement folle.	*Du .... völlig verrückt.*
7. As-tu pris mon couteau ?	*........... du mein Messer genommen?*
8. J'ai mal dormi.	*Ich .... schlecht geschlafen.*
9. Il y est allé.	*Er .... hingegangen.*
10. Nous avons eu de la visite aujourd'hui.	*Wir .... Besuch gehabt heute.*

Score ... /10

Corrigés

1. Wir haben im Restaurant gegessen.
2. Er ist ins Schwimmbad gegangen.
3. Wir haben Ferien.
4. Er hat einen neuen Wagen gekauft.
5. Sie war es!
6. Du bist völlig verrückt.
7. Hast du mein Messer genommen?
8. Ich habe schlecht geschlafen.
9. Er ist hingegangen.
10. Wir haben Besuch gehabt heute.

Astuces et commentaires

- ***Haben*** forme les temps du passé des 6 auxiliaires de mode :
  er hat gemusst/gewollt/gesollt/gedurft/gekonnt/gemocht
  les impersonnels :
  es hat geregnet, geschneit, geklopft …
  les pronominaux : même s'ils indiquent un mouvement :
  Er hat sich gesetzt: il s'est assis.
  Sie hat sich gelegt: elle s'est couchée.
  Er hat sich in den Finger geschnitten: il s'est coupé au doigt.

- Un même verbe peut se construire soit avec *sein*, soit avec *haben*.
  Er ist gefahren: il a roulé.
  mais
  Er hat einen Opel gefahren: il conduisait une Opel.

Être ou ne pas être ?

Rappel

L'allemand est une langue plus précise que le français. Les verbes de position sont donc plus souvent employés qu'en français.

Compléter !

1. Le courrier est sur votre bureau.	*Die Post .... auf ihrem Tisch.*
2. Les premières cerises sont dans l'arbre.	*Die ersten Kirschen .... am Baum.*
3. Le linge repassé est dans l'armoire.	*Die Wäsche .... gebügelt im Schrank.*
4. Les manteaux sont dans la penderie.	*Die Mäntel .... im Kleiderschrank.*
5. Les livres sont sur l'étagère.	*Die Bücher .... im Regal.*
6. Le vin est dans la cuisine.	*Der Wein .... in der Küche.*
7. La photo est au mur.	*Das Foto .... an der Wand.*
8. Le chien est sous la table.	*Der Hund .... unter dem Tisch.*
9. Les verres sont sur la table.	*Die Gläser .... auf dem Tisch.*
10. Le journal est dans ta chambre.	*Die Zeitung .... in deinem Zimmer.*

Score ... /10

Corrigés

1. Die Post liegt auf dem Tisch.
2. Die ersten Kirschen hängen am Baum.
3. Die Wäsche liegt gebügelt im Schrank.
4. Die Mäntel hängen im Kleiderschrank.
5. Die Bücher stehen im Regal.
6. Der Wein steht in der Küche.
7. Das Foto hängt an der Wand.
8. Der Hund liegt unter dem Tisch.
9. Die Gläser stehen auf dem Tisch.
10. Die Zeitung liegt in deinem Zimmer.

Astuces et commentaires

- Les verbes de position les plus courants sont :
  liegen (a, e)
  sitzen (saß, gesessen)
  hängen (i, a)
  stehen (a, a)

- Ils sont suivis d'un complément au datif.

- Les temps composés se construisent avec l'auxiliaire *haben*.

- Pour les choisir, il faut être logique :
  Les livres en général, sont serrés les uns contre les autres :
  Sie stehen im Regal.
  Je peux les mettre à plat :
  Sie liegen im Regal.
  Un chien peut être debout, couché ou assis sous la table :
  Der Hund steht, liegt oder sitzt unter dem Tisch.

Finir : enden ou beenden ?

Rappel

beenden : mettre un terme à quelque chose, complément à l'accusatif. Verbe transitif

enden : verbe intransitif. Pas de COD possible

Compléter !

1. Le match se termine dans un quart d'heure.	*Das Spiel .... in einer Viertelstunde.*
2. La fête finit avec un feu d'artifice géant.	*Das Fest .... mit einem riesen Feuerwerk.*
3. Il faut en finir avec cette situation.	*Diese Situation muss .... werden.*
4. L'heure d'été finit en octobre.	*Die Sommerzeit .... im Oktober.*
5. Il faudrait que tu finisses ce travail maintenant.	*Du solltest diese Arbeit ....*
6. Il faudrait en finir avec ce conflit.	*Dieser Streit müsste .... werden.*
7. La représentation est finie.	*Das Schauspiel ist ....*
8. Ça va mal finir si tu continues !	*Das wird böse ...., wenn du so weiter machst.*
9. Il a fini dans la plus grande pauvreté.	*Er .... in der größten Armut.*
10. Il a clos le débat.	*Er hat die Debatte ....*

Score ... /10

Corrigés

1. Das Spiel endet in einer Viertelstunde.
2. Das Fest endete mit einem riesen Feuerwerk.
3. Diese Situation muss beendet werden.
4. Die Sommerzeit endet im Oktober.
5. Du solltest diese Arbeit jetzt beenden.
6. Dieser Streit müsste beendet werden.
7. Das Schauspiel ist beendet.
8. Das wird böse enden, wenn du so weiter machst.
9. Er endete in der größten Armut.
10. Er hat die Debatte beendet.

Astuces et commentaires

- D'autres moyens d'en finir :
  – ein Ende setzen/machen + datif :
  ein**em** Streit ein Ende setzen : mettre un terme à une querelle
  – zu Ende sein:
  das Spiel ist zu Ende : le jeu est fini
  es ist zu Ende mit ihm : il est fini/mort
  es geht zu Ende : la fin est proche
  – zu Ende essen/trinken : finir un aliment, une boisson
  – Schluss machen mit : en finir avec quelqu'un, rompre une liaison

- Tu as fini ? Bist du fertig?

- Finir le travail le soir : Feierabend machen.

Fiche 43 Gagner : verdienen ou gewinnen ?

Rappel

verdienen : gagner sa vie, mériter
gewinnen : gagner au jeu ou au sport

Compléter !

1. Tu l'as bien mérité.	*Das hast du aber ....*
2. On a gagné beaucoup de temps.	*Wir haben sehr viel Zeit ....*
3. Nous avons gagné le match !	*Wir haben das Spiel ....!*
4. Il faut que les femmes gagnent leur pain.	*Frauen müssen ihr Brot ....*
5. Ils ne méritent pas mieux !	*Sie .... es nicht besser!*
6. Combien gagnent les profs en Allemagne ?	*Wie viel .... die Lehrer in Deutschland?*
7. Elle a beaucoup gagné en assurance.	*Sie hat an Selbstsicherheit ....*
8. Elle a bien mérité sa punition.	*Sie hat ihre Strafe ....*
9. Il n'a pas mérité ma confiance.	*Er hat mein Vertrauen nicht ....*
10. Ils ont gagné 4 à 2 contre l'Italie.	*Sie haben 4 zu 2 gegen Italien ....*

Score ... /10

Corrigés

1. Das hast du aber verdient.
2. Wir haben sehr viel Zeit gewonnen.
3. Wir haben das Spiel gewonnen!
4. Frauen müssen ihr Brot verdienen.
5. Sie verdient es nicht besser!
6. Wie viel verdienen die Lehrer in Deutschland?
7. Sie hat an Selbstsicherheit gewonnen.
8. Sie hat ihre Strafe verdient.
9. Er hat mein Vertrauen nicht verdient.
10. Sie haben 4 zu 2 gegen Italien gewonnen.

Astuces et commentaires

- *Gewinnen* est un verbe irrégulier : *gewann*, *hat gewonnen*

- Jemanden für etwas gewinnen : gagner quelqu'un à sa cause

- Ces deux verbes ont un sens différent dans une même phrase :
  Er hat mein Vertrauen verdient : il a bien mérité ma confiance.
  Er hat mein Vertrauen gewonnen : il a gagné (dans le sens de conquérir) ma confiance.

- D'autres expressions :
  die Oberhand gewinnen : prendre le dessus
  an Boden gewinnen : gagner du terrain
  an Tempo gewinnen : prendre de la vitesse

Fiche 44 Grave : schwer ou schlimm ?

Rappel

schlimm : lié plus fréquemment au mal, aux choses répréhensibles. Sens subjectif.
schwer : sens plus concret.

Compléter !

1. Ce n'est pas grave !	*Das ist doch nicht ....!*
2. C'était un accident très grave.	*Es war ein sehr ....er Unfall.*
3. L'épreuve était grave pour nous tous.	*Die Belastung war .... für uns alle.*
4. La situation est grave.	*Die Situation ist ....*
5. Cela va mal finir.	*Das nimmt ein ....es Ende.*
6. C'est une affaire grave.	*Es ist eine .... Angelegenheit.*
7. Elle est gravement maladie.	*Sie ist .... krank.*
8. Ce n'était pas aussi grave que je le pensais.	*Es war nicht so .... wie ich dachte.*
9. Un orage très grave s'est abattu sur la région.	*Ein .... es Gewitter ist über der Gegend ausgebrochen.*
10. Il a commis une faute grave.	*Er hat einen .... Fehler begangen.*

Score ... /10

Corrigés

1. Das ist doch nicht schlimm!
2. Es war ein sehr schwerer/schlimmer Unfall.
3. Die Belastung war schlimm für uns alle.
4. Die Situation ist schlimm.
5. Das nimmt ein schlimmes Ende.
6. Es ist eine schlimme Angelegenheit.
7. Sie ist schwer krank.
8. Es war nicht so schlimm/schwer wie ich dachte.
9. Ein schweres Gewitter ist über der Gegend ausgebrochen.
10. Er hat einen schlimmen/schweren Fehler begangen.

Astuces et commentaires

- Retenons : *schlimm* recèle de l'émotion, un jugement de valeur. Il est donc plus subjectif que *schwer*. *Schlimm* condamne.

- *Schwer* indique plus objectivement la gravité d'un fait, d'une situation.
  Ein schwerer Unfall : on peut compter les blessés et les morts.
  Je constate un dysfonctionnement, une anomalie.
  Ein schlimmer Unfall : je déplore cette situation.

- Schwer a d'autres sens :
  – lourd :
  eine schwere Last tragen : porter une lourde charge.

  – dur, difficile :
  ein schwerer Tag : une journée difficile

- **Ainsi :**
  ein schweres Wort est un mot difficile à retenir
  ein schlimmes Wort est un mot grave, blessant, que l'on désapprouve.

Fiche 45 Heure : Uhr ou Stunde ?

Rappel

Stunde indique une durée, 60 minutes
Uhr indique un point précis dans le temps

Compléter !

1. À quelle heure viens-tu ?	*Um wieviel .... kommst du?*
2. J'ai attendu deux heures.	*Ich habe zwei .... gewartet.*
3. Après deux heures, j'en ai assez.	*Nach zwei .... habe ich genug davon.*
4. Après deux heures, il n'y a plus personne dans la rue.	*Nach zwei .... ist keiner mehr auf der Straße.*
5. C'était arrivé une heure plus tôt.	*Es war eine .... früher passiert.*
6. À neuf heures, le téléphone sonna.	*Um neun .... klingelte das Telefon.*
7. Ce train relie Paris à Lyon en trois heures.	*Dieser Zug verbindet Paris mit Lyon in drei ....*
8. Il a regardé l'heure.	*Er hat auf die .... gesehen.*
9. L'heure est grave.	*Die .... ist ernst.*
10. Nous avons deux heures de route.	*Wir haben zwei .... Fahrt.*

Score

... /10

Corrigés

1. Um wieviel Uhr kommst du?
2. Ich habe zwei Stunden gewartet.
3. Nach zwei Stunden habe ich genug davon.
4. Nach zwei Uhr ist keiner mehr auf der Straße.
5. Es war eine Stunde früher passiert.
6. Um neun Uhr klingelte das Telefon.
7. Dieser Zug verbindet Paris mit Lyon in drei Stunden.
8. Er hat auf die Uhr gesehen.
9. Die Stunde ist ernst.
10. Wir haben zwei Stunden Fahrt.

Astuces et commentaires

- *die Uhr*, en tant qu'objet, signifie l'horloge, la montre.

- « Heure » peut également être traduit :

  – par *Zeit*

  L'heure est venue : die Zeit ist gekommen.

  L'heure d'été : die Sommerzeit

  – par *pünktlich*

  J'étais là à l'heure : ich war pünktlich da.

Fiche 46 Il y a : es gibt ou es herrscht ?

Rappel

es gibt : il existe
es herrscht : il règne – pour les atmosphères et le trafic en particulier

Compléter !

1. Il y a quelque chose à manger ?	*........... es etwas zu essen?*
2. Il y a de la sérénité à cet endroit.	*Es .... Friede in diesem Ort.*
3. Il y a beaucoup de trafic aujourd'hui.	*Es .... reger Verkehr heute.*
4. Il nous faut plus de justice.	*Es muss mehr Gerechtigkeit ....*
5. Qu'est-ce qu'il y a à la télé ce soir ?	*Was .... es im Fernsehen heute Abend?*
6. Il y aura du brouillard ce soir.	*Es .... Nebel heute Abend.*
7. Il y a une grande tristesse dans cette famille.	*Es .... eine große Trauer in dieser Familie.*
8. Il y a des cas où les solutions sont délicates.	*Es .... Fälle, wo Lösungen schwierig sind.*
9. Il y a une drôle d'ambiance ici.	*Es .... eine seltsame Atmosphäre hier.*
10. Il y a des températures polaires au Canada.	*Es .... eisige Temperaturen in Kanada.*

Score ... /10

Corrigés

1. Gibt es etwas zu essen?
2. Es herrscht Friede in diesem Ort.
3. Es herrscht reger Verkehr heute.
4. Es muss mehr Gerechtigkeit herrschen.
5. Was gibt es im Fernsehen heute Abend?
6. Es gibt Nebel heute Abend.
7. Es herrscht eine große Trauer in dieser Familie.
8. Es gibt Fälle, wo Lösungen schwierig sind.
9. Es herrscht eine seltsame Atmosphäre hier.
10. Es herrschen eisige Temperaturen in Kanada.

Astuces et commentaires

- *Es gibt* est suivi de l'accusatif :
  es gibt einen Wald/einen kleinen Jungen…

- Des expressions courantes avec « *es gibt* » :
  Das gibt es nicht bei mir! sans moi/hors de question !
  Was gibt's? : quoi de neuf ?
  Das gibt es nicht! c'est pas possible !

- Un peut éviter le sempiternel « *es gibt* » en utilisant tout simplement le sujet :
  Il y a des gens qui sont très endettés : viele Leute sind überschuldet.
  Il y a encore du café ? : ist noch Kaffee da?

Fiche 47 — Avant : früher ou damals ?

Rappel

früher = jadis – renvoie à une époque non définie
damals à une époque évoquée, une date précise annoncée auparavant

Compléter !

1. À cette époque, nous n'avions presque rien.	*........... hatten wir fast gar nichts.*
2. Autrefois, nous étions plus solidaires.	*........... hielten wir mehr zusammen.*
3. Cette photo date de cette époque.	*Dieses Foto stammt von ....*
4. C'était comment avant ?	*Wie war es ....?*
5. Il y avait beaucoup d'entreprises familiales avant.	*........... hat es viele Familienunternehmen gegeben.*
6. C'était déjà le cas à cette époque.	*Es war .... schon der Fall.*
7. Jadis tout était mieux.	*........... war alles besser.*
8. À cette époque, à l'Est, il n'y avait pas de chômage.	*........... im Osten, gab es keine Arbeitslosigkeit.*
9. À l'époque déjà, c'était un problème politique.	*Schon .... war das ein politisches Problem.*
10. Avant je faisais mes vêtements moi-même.	*........... nähte ich meine Kleider selbst.*

Score
... /10

Corrigés

1. Damals hatten wir fast gar nichts.
2. Früher hielten wir mehr zusammen.
3. Dieses Foto stammt von damals.
4. Wie war es früher?
5. Früher hat es viele Familienunternehmen gegeben.
6. Es war damals schon der Fall.
7. Früher war alles besser.
8. Damals im Osten gab es keine Arbeitslosigkeit.
9. Schon damals war das ein politisches Problem.
10. Früher nähte ich meine Kleider selbst.

Astuces et commentaires

- *Früher* est également le superlatif de *früh* :
  Du musst früher aufstehen : tu dois te lever plus tôt.
  Du hättest früher fahren müssen : tu aurais dû partir plus tôt.

- *Früher* peut être synonyme de ex/ancien :
  der frühere Kanzler = l'ex-chancelier

- *Vorher* est un autre adverbe pour exprimer la notion « avant ». Cet adverbe indique une proximité plus proche dans le temps :
  (Juste) Avant, on a été en balade :
  (gerade) vorher waren wir unterwegs.

Jamais : nie ou je ?

Rappel

jamais : nie quelque chose, sens négatif
je : pose l'idée d'un possible, sens positif

Compléter !

1. Je n'ai jamais dit cela !	*Ich habe so etwas .... gesagt!*
2. Si jamais tu passes devant la boulangerie, achète du pain.	*Wenn du .... an der Bäckerei vorbeigehst, kauf Brot.*
3. Jamais je ne pourrais faire une telle chose.	*............ könnte ich so etwas tun.*
4. Si jamais tu le fais, je ne te parle plus.	*Wenn du das .... machst, spreche ich nicht mehr mit dir.*
5. Qui aurait cru cela !	*Wer hätte das .... gedacht!*
6. C'est la chose la plus grave que j'aie jamais entendue.	*Das ist das Schlimmste, was ich .... gehört habe.*
7. A-t-on jamais entendu une chose pareille ?	*Hat man so etwas .... gehört?*
8. Je n'ai jamais vu cette personne.	*Ich habe diese Person .... gesehen.*
9. Irai-je jamais à Berlin ?	*Werde ich .... nach Berlin fahren?*
10. Je n'ai encore jamais été à Berlin.	*Ich war noch .... in Berlin.*

Score
... /10

Corrigés

1. Ich habe so etwas nie gesagt!
2. Wenn du je an der Bäckerei vorbeigehst, kauf Brot.
3. Nie könnte ich so etwas tun.
4. Wenn du das je machst, spreche ich nicht mehr mit dir.
5. Wer hätte das je gedacht!
6. Das ist das Schlimmste, was ich je gehört habe.
7. Hat man so etwas je gehört?
8. Ich habe diese Person nie gesehen.
9. Werde ich je nach Berlin fahren?
10. Ich war noch nie in Berlin.

Astuces et commentaires

- « Jamais » n'est pas toujours présent dans la phrase française :
  Qui l'aurait cru ! : wer hätte das je gedacht!
- « Jamais » n'est pas toujours présent dans la phrase allemande :
  Sait-on jamais ! : wer weiß!
- *Nie* = niemals
- *Je* = jemals
- La même phrase change de sens selon que nous y trouvons *nie* ou *je* :
  Werde ich dich je wieder sehen? : te reverrai-je un jour ? (il reste un espoir)
  Werde ich dich nie wieder sehen? je ne te reverrai donc plus jamais ? (l'espoir est déçu)

Fiche 49 — Subjonctif 2 : käme ou wäre gekommen ?

Rappel

présent : ich käme/ich würde kommen : je viendrais...
passé : ich wäre gekommen : je serais venu...

Compléter !

1. Si j'avais plus de temps !	*Wenn ich nur mehr Zeit ....!*
2. Si j'avais eu plus de temps !	*Wenn ich nur mehr Zeit ....!*
3. J'aimerais bien aller à Paris.	*Ich .... gern nach Paris. (gehen)*
4. Que ferais-tu à ma place ?	*Was .... du an meiner Stelle? (tun)*
5. Il aurait pu t'arriver quelque chose.	*Es .... dir etwas passieren können.*
6. Si j'avais su cela avant !	*............ ich das vorher gewusst!*
7. Pourriez-vous me téléphoner ?	*............ sie mich anrufen?*
8. Ce serait très gentil de votre part.	*Es .... sehr nett von Ihnen.*
9. Et si tu travaillais davantage ?	*Und wenn du mehr ....? (arbeiten)*
10. Je me tairais à ta place.	*An deiner Stelle .... ich den Mund. (halten)*

Score ... /10

Corrigés

1. Wenn ich nur mehr Zeit hätte!
2. Wenn ich nur mehr Zeit gehabt hätte!
3. Ich ginge gern nach Paris. (würde gern … gehen)
4. Was tätest du an meiner Stelle (würdest … tun)?
5. Es hätte dir etwas passieren können.
6. Hätte ich das vorher gewusst!
7. Könnten sie mich anrufen?
8. Es wäre sehr nett von Ihnen.
9. Und wenn du mehr arbeitetest (arbeiten würdest)?
10. An deiner Stelle hielte ich den Mund. (würde … halten)

Astuces et commentaires

- Comme tous les temps du passé, le subjonctif 2 du passé se construit à l'aide des auxiliaires *haben* ou *sein*, conjugués au subjonctif II tout simplement.

- Certains verbes ambigus ou les réguliers préfèrent la forme de substitution en *würde* + infinitif :

  lernen : ich lernte (confusion avec le prétérit) → ich würde lernen
  fahren : ich führe serait ambigu (führen = conduire à l'infinitif).
  → ich würde fahren

- La forme de remplacement en *würde* + infinitif est toujours possible, sauf pour les auxiliaire grammaticaux et les modaux. Cette forme est bien pratique quand on n'est pas sûr de son subjonctif.

  Attention : Elle ne remplace **que** le subjonctif présent.

Fiche 50 Connaître-savoir : kennen, können ou wissen ?

Rappel

Kennen fait référence à une expérience, à des informations que l'on détient, **können** à une compétence, un savoir-faire acquis par un apprentissage, **wissen** signifie « être au courant ».

Compléter !

1. On connaît déjà tous nos voisins.	*Wir .... schon alle unsere Nachbarn.*
2. Tu sais ce qui se passe ?	*........... du, was los ist?*
3. Vous connaissez cette chanson ?	*........... ihr dieses Lied?*
4. Que sais-tu faire ?	*Was .... du machen?*
5. Je connais les règles du jeu.	*Ich .... die Spielregeln.*
6. Je le sais.	*Ich .... es.*
7. Il sait parler plusieurs langues.	*Er .... mehrere Sprachen (sprechen).*
8. Je ne veux rien savoir.	*Ich will nichts ....*
9. Je connais la fin de l'histoire.	*Ich .... das Ende der Geschichte.*
10. Je sais jouer au foot.	*........... du Fußball spielen?*

Score ... /10

Corrigés

1. Wir kennen schon alle unsere Nachbarn.
2. Weißt du, was los ist?
3. Kennt ihr dieses Lied?
4. Was kannst du machen?
5. Ich kenne die Spielregeln.
6. Ich weiß es.
7. Er kann mehrere Sprachen (sprechen).
8. Ich will nichts wissen.
9. Ich kenne das Ende der Geschichte.
10. Kannst du Fußball spielen?

Astuces et commentaires

- Trois verbes qui prêtent à confusion, surtout *kennen* et *können*.

- *Wissen* est parfois synonyme de *können*, quand il s'agit d'une aptitude à gérer l'humain.

  Ich kann mit Kindern umgehen.
  Ich weiß mit Kindern/mit Senioren umzugehen.

- Attention à la conjugaison de ces verbes :

  ich weiß/du weißt/er weiß/**wir wissen**/wir wussten/wir haben gewusst

  Kennen est très irrégulier :

  ich kannte/ich habe gekannt

  Können est un modal. Il exige donc un double infinitif aux temps du passé quand il est précédé d'un infinitif :

  Ich habe **spielen können**
  mais
  ich habe es **gekonnt**.

Fiche 51

Le même : der gleiche ou derselbe ?

Rappel

derselbe : la même chose au sens premier, l'objet identique

der gleiche : deux objets différents mais similaires, analogues

Compléter !

1. J'ai acheté les mêmes chaussures que toi.	*Ich habe die .... Schuhe wie du gekauft.*
2. Nous habitons la même maison.	*Wir wohnen in dem .... Haus.*
3. On retrouve toujours les mêmes gens.	*Wir treffen immer die .... Leute.*
4. Nous sommes du même âge.	*Wir haben das .... Alter.*
5. On est dans la même classe.	*Wir sind in der .... Klasse.*
6. Il est toujours le même !	*Er ist immer der............!*
7. Tiens, tu portes le même pull que moi !	*Nanu, du trägst den .... Pullover wie ich!*
8. On est fait du même bois.	*Wir sind aus dem .... Holz geschnitzt.*
9. Ils partagent la même voiture.	*Sie fahren in dem .... Wagen.*
10. J'aurais fait la même chose à ta place.	*Ich hätte das .... wie du gemacht.*

Score ... /10

Corrigés

1. Ich habe die gleichen Schuhe wie du gekauft.
2. Wir wohnen in demselben Haus.
3. Wir treffen immer dieselben Leute.
4. Wir haben das gleiche Alter.
5. Wir sind in derselben Klasse.
6. Er ist immer derselbe.
7. Nanu, du trägst den gleichen Pullover wie ich!
8. Wir sind aus demselben Holz geschnitzt.
9. Sie fahren in demselben Wagen.
10. Ich hätte das gleiche wie du gemacht.

Astuces et commentaires

- *Derselbe*, *dieselbe*, *dasselbe* : s'écrit en un seul mot, se décline comme l'article *der*, *die*, *das* et comme l'adjectif sur *selb-*.

  mit de**m**selbe**n** Bus fahren
  für de**n**selbe**n** Boss arbeiten
  d**ie**selbe**n** Dinge mögen, etc.

- La plupart du temps, ces deux mots sont utilisés l'un pour l'autre. Néanmoins il arrive, comme dans les exemples plus haut, qu'il faille bien faire la distinction.

Fiche 52 L'un l'autre : sich ou einander ?

Rappel

sich : avec les verbes réfléchis
einander : dans le sens réciproque, se combine avec une préposition

Compléter !

1. Il faut qu'on s'informe les uns les autres.	*Wir müssen .... informieren.*
2. Ils se détestent.	*Sie hassen ....*
3. Les deux groupes se sont combattus l'un l'autre.	*Die zwei Gruppen haben .... gekämpft.*
4. Ils ne se connaissent que depuis peu de temps.	*Sie kennen .... erst seit kurzer Zeit.*
5. Nous nous entraidons souvent.	*Wir helfen .... oft.*
6. En montagne, ils marchèrent l'un derrière l'autre.	*Im Gebirge liefen sie ....*
7. Elles se consolent dans ces temps difficiles.	*Sie trösten .... in diesen schweren Zeiten.*
8. Les voisins se saluent toujours.	*Die Nachbarn grüßen .... immer.*
9. On le fait ensemble ?	*Machen wir das ....?*
10. Les serviettes étaient empilées dans l'armoire.	*Die Tücher lagen .... im Schrank.*

Score ... /10

Corrigés

1. Wir müssen einander informieren.
2. Sie hassen sich/einander.
3. Die zwei Gruppen haben gegeneinander gekämpft (ou sich bekämpft).
4. Sie kennen sich/einander erst seit kurzer Zeit.
5. Wir helfen uns/einander oft.
6. Im Gebirge liefen sie hintereinander.
7. Sie trösten einander in diesen schweren Zeiten.
8. Die Nachbarn grüßen sich/einander immer.
9. Machen wir das miteinander?
10. Die Tücher lagen aufeinander im Schrank.

Astuces et commentaires

- Le pronom réfléchi *sich* se décline, *einander* est invariable.

- ***Einander*** est souvent remplacé par *sich* de nos jours,
  mais une différence est à noter entre :
  sie ernähren sich : ils se nourrissent (eux-mêmes)
  sie ernähren einander : ils se nourrissent l'un l'autre

- ***Einander*** est obligatoire avec les prépositions surtout spatiales, *neben- auf – hinter*, etc.
  sie stehen nebeneinander
  sie saßen hintereinander
  die Stühlen waren aufeinander/übereinander gestellt

Fiche 53 Mais : aber ou sondern ?

Rappel

sondern contredit, donc suit le plus souvent une négation
aber complète une information

Compléter !

1. Le soleil ne se lève pas à l'Ouest mais à l'Est.	*Die Sonne geht nicht im Westen auf, ... im Osten.*
2. Je viendrai te voir mais serai un peu en retard.	*Ich komme vorbei, ... werde etwas Verspätung haben.*
3. Il n'est pas architecte mais ingénieur.	*Er ist nicht Architekt, ... Ingenieur.*
4. Je le connais à peine mais il m'est très sympathique.	*Ich kenne ihn kaum, ... er ist mir sehr sympathisch.*
5. Ce n'est pas demain mais après-demain.	*Es ist nicht morgen, ... übermorgen.*
6. Je ne suis pas sûre mais je vais vérifier.	*Ich bin mir nicht sicher, ... ich schlage mal nach.*
7. Je ne suis pas d'accord mais je vais le faire.	*Ich bin nicht einverstanden, ... ich mache es.*
8. Je ne prends pas ma voiture mais le métro.	*Ich fahre nicht mit meinem Wagen, ... nehme den Bus.*
9. Je te confie cela mais tu ne dois rien dire.	*Ich vertraue dir das an, ... du darfst nichts verraten.*
10. Elle n'est pas sportive mais est-ce si important ?	*Sie ist nicht sportlich, ... ist das so wichtig?*

Score ... /10

Corrigés

1. Die Sonne geht nicht im Westen auf, sondern im Osten.
2. Ich komme vorbei, aber werde etwas Verspätung haben.
3. Er ist nicht Architekt, sondern Ingenieur.
4. Ich kenne ihn kaum, aber er ist mir sehr sympathisch.
5. Es ist nicht morgen, sondern übermorgen.
6. Ich bin mir nicht sicher, aber ich schlage mal nach.
7. Ich bin nicht einverstanden, aber ich mache es.
8. Ich fahre nicht mit meinem Wagen, sondern nehme den Bus.
9. Ich vertraue dir das an, aber du darfst nichts verraten.
10. Sie ist nicht sportlich, aber ist das so wichtig?

Astuces et commentaires

- Attention au piège de la négation. Parfois, une phrase négative est complétée et non pas contredite par la suite.
  Ainsi vous ferez la différence entre :
  Je ne suis pas de ton avis mais je vais le faire. (*aber*)
  Je ne suis pas de ton avis mais plutôt de la sienne. (*sondern*)

- Une virgule sépare systématiquement les deux parties de phrase, qu'elle soit introduite par *aber* ou par *sondern*.

- **Attention également aux ellipses** (à une deuxième partie « incomplète ») :
  Il n'est pas architecte, mais (il est) ingénieur.
  Il faut quand même placer la virgule, même si le verbe est sous-entendu.

- Dans le doute, optez pour *aber* plutôt que pour *sondern*.

Fiche 54 Malgré : trotz ou trotzdem ?

Rappel

Trotz est une préposition. Elle est suivie d'un nom ou groupe de mots au génitif. **Trotzdem** est un adverbe. Sa place est plus souple. Il se traduit par « malgré cela/malgré tout »

Compléter !

1. Malgré la neige, nous avons pris la route.	*............ des vielen Schnees sind wir gefahren.*
2. Ils ont des dettes. Malgré cela, ils restent optimistes.	*Sie haben Schulden. .... bleiben sie optimistisch.*
3. Malgré cela, je pars en vacances.	*............ fahre ich in Urlaub.*
4. Elle travaille la nuit malgré la fatigue.	*Sie arbeitet .... Müdigkeit nachts.*
5. Il vit seul malgré son grand âge.	*Er lebt allein .... seines hohen Alters.*
6. Il est venu avec nous, malgré tout.	*Er ist mit uns gekommen, ...*
7. Malgré la crise, les gens consomment.	*............ der Krise konsumieren die Leute.*
8. Les enfants jouent dehors malgré le froid.	*Die Kinder spielen draußen, ... der Kälte.*
9. Je rénove la maison malgré le coût.	*Ich renoviere das Haus .... des Preises.*
10. Malgré cela, nous sommes heureux.	*............ sind wir glücklich.*

Score ... /10

Corrigés

1. Trotz des vielen Schnees sind wir gefahren.
2. Sie haben Schulden. Trotzdem bleiben sie optimistisch.
3. Trotzdem fahre ich in Urlaub/ich fahre trotzdem in Urlaub.
4. Sie arbeitet trotz Müdigkeit nachts.
5. Er lebt allein trotz seines hohen Alters.
6. Er ist mit uns gekommen, trotzdem.
7. Trotz der Krise konsumieren die Leute.
8. Die Kinder spielen draußen, trotz der Kälte.
9. Ich renoviere das Haus trotz des Preises.
10. Trotzdem sind wir glücklich.

Astuces et commentaires

- Attention : la place du verbe est en deuxième position :
  après l'adverbe *trotzdem*
  après le groupe *trotz* + déterminant + substantif.
  Trotz meiner Krankheit **ging** ich zur Arbeit.
  Trotzdem **ging** ich zur Arbeit.

- ***Trotzdem*** étant un adverbe, sa place est soit en début de phrase, soit à l'intérieur de la phrase. Il peut même se placer tout à la fin, séparé du reste de la phrase par une virgule. Il s'agit alors d'une hors-construction.

Manquer : versäumen ou mangeln ?

Rappel

verpassen/versäumen : un moyen de locomotion, une occasion

mangeln/fehlen an + datif : ne pas avoir quelque chose en quantité suffisante

Compléter !

1. Je manque d'argent.	*Es .... mir an Geld.*
2. J'ai manqué mon train.	*Ich habe meinen Zug ....*
3. Les pays du Sud manquent d'eau.	*Den Südländern .... es an Wasser.*
4. Je ne le manquerai pas.	*Ich werde es nicht ....*
5. J'ai raté l'occasion de me taire.	*Ich habe es ...., den Mund zu halten.*
6. J'ai manqué le début du spectacle.	*Ich habe den Anfang des Schauspiels ....*
7. Tu as manqué notre rendez-vous.	*Du hast unser Treffen ....*
8. Nous manquons de temps pour le faire.	*Es .... uns an Zeit, (um) es zu tun.*
9. Nous allons bientôt manquer de pétrole.	*Es wird uns bald an Erdöl ....*
10. J'aimerais bien ne pas manquer le film ce soir.	*Ich möchte gern den Film heute Abend nicht ....*

Score ... /10

Corrigés

1. Es mangelt/fehlt mir an Geld.
2. Ich habe meinen Zug verpasst.
3. Den Südländern fehlt/mangelt es an Wasser.
4. Ich werde es nicht versäumen/verpassen.
5. Ich habe es versäumt, den Mund zu halten.
6. Ich habe den Anfang des Schauspiels verpasst/versäumt.
7. Du hast unser Treffen verpasst/versäumt.
8. Es mangelt/fehlt uns an Zeit, (um) es zu tun.
9. Es wird uns bald an Erdöl fehlen/mangeln.
10. Ich möchte gern den Film heute Abend nicht verpassen.

Astuces et commentaires

- Attention à la construction de la phrase allemande avec *fehlen* ou *mangeln*. Le sujet français peut devenir complément au datif (introduit par *an*).
  L'eau manque : es fehlt an Wasser ou Wasser fehlt.
  Es mangelt an Wasser ou Wasser mangelt.

  Les substantifs correspondants :
  Der Wassermangel.

- Eine Gelegenheit kann man verpassen oder versäumen.

- *Verpassen* est plus souvent employé dans un sens concret (rater le bus, un RDV, un horaire …).

- *versäumen* note un manquement ou un échec personnel, une opportunité ratée.

- Tu me manques : ich vermisse dich ou du fehlst mir.
  NB. ! ~~Du mangelst mir.~~

- Ich werde es nicht versäumen : je ne manquerai pas de faire quelque chose.

Fiche 56

Nécessaire : nötig ou notwendig ?

Rappel

nötig : *inéluctable, absolument indispensable, urgent*
notwendig : *indispensable, essentiel, inévitable, action délibérée*

Compléter !

1. C'était une intervention nécessaire.	*Es war ein ....es Eingreifen.*
2. La prudence nécessaire a fait défaut.	*Die ....e Vorsicht hat gefehlt.*
3. Ce n'est pas nécessaire !	*Das ist nicht ....!*
4. Il est nécessaire de soutenir cette action.	*Es ist ...., diese Aktion zu unterstützen.*
5. C'est un mal nécessaire.	*Es ist ein ....es Übel.*
6. Une grande force est nécessaire.	*Viel Kraft ist .... dazu.*
7. Il était absolument nécessaire de dire la vérité.	*Es ist unbedingt ...., die Wahrheit zu sagen.*
8. Prends juste le nécessaire.	*Nimm nur das N ....ste mit.*
9. Le châtiment n'est pas nécessaire dans ce cas.	*Strafe ist in diesem Fall nicht ....*
10. Il ne fallait pas (offrir ce cadeau) !	*Dieses Geschenk war doch nicht ....!*

Score ... /10

Corrigés

1. Es war ein notwendiges Eingreifen.
2. Die notwendige/nötige Vorsicht hat gefehlt.
3. Das ist nicht nötig/notwendig!
4. Es ist notwendig, diese Aktion zu unterstützen.
5. Es ist ein notwendiges Übel.
6. Viel Kraft ist notwendig dazu.
7. Es ist unbedingt notwendig, die Wahrheit zu sagen.
8. Nimm nur das Nötigste mit.
9. Strafe ist in diesem Fall nicht notwendig.
10. Dieses Geschenk war doch nicht nötig!

Astuces et commentaires

- Les deux mots sont quasiment synonymes dans le langage courant.
  Pourtant :
  nötig exprime plutôt un sentiment d'urgence, une impression subjective
  notwendig exprime plutôt une conséquence réfléchie, pragmatique.

- Ainsi en philosophie, en mathématiques on utilise *die Notwendigkeit*, la nécessité, les conditions nécessaires.
  Notwendig est dans l'ordre des choses, un événement inéluctable, immuable.
  Pas forcément indispensable.

- Le contraire de *nötig* est *unnötig*, le contraire de *notwendig* est *nicht notwendig*.

- Expressions courantes :
  Das habe ich nicht nötig : c'est inutile, je n'ai pas besoin de cela
  falls nötig : si besoin est
  etwas benötigen : avoir besoin de quelque chose
  etwas dringend benötigen : avoir d'urgence besoin de quelque chose.

Fiche 57 Négation : nicht ou kein ?

Rappel

kein est la négation de ein ou lorsqu'il n'y a pas d'article du tout
nicht s'utilise dans tous les autres cas

Compléter !

1. Je n'ai pas le temps.	*Ich habe .... Zeit.*
2. Il n'est pas marié.	*Er ist .... verheiratet.*
3. Les étudiants n'étaient pas tous là.	*............ alle Studenten waren anwesend.*
4. Elle n'a pas pensé aux chaussures.	*Sie hat .... an die Schuhe gedacht.*
5. Elle n'a pas de chaussures.	*Sie hat .... Schuhe.*
6. Je n'aimerais pas être à sa place.	*Ich möchte .... an seiner Stelle sein.*
7. Ce n'est pas moi qui l'ai fait.	*............ ich habe das gemacht.*
8. Je n'ai pas envie de sortir.	*Ich habe .... Lust raus zu gehen.*
9. Tu n'achètes pas de fleurs ?	*Kaufst du .... Blumen?*
10. Pas maintenant !	*............ jetzt!*

Score
... /10

Corrigés

1. Ich habe keine Zeit.
2. Er ist nicht verheiratet.
3. Nicht alle Studenten waren anwesend.
4. Sie hat nicht an die Schuhe gedacht.
5. Sie hat keine Schuhe.
6. Ich möchte nicht an seiner Stelle sein.
7. Nicht ich habe das gemacht.
8. Ich habe keine Lust raus zu gehen.
9. Kaufst du keine Blumen?
10. Nicht jetzt!

Astuces et commentaires

- Il faut bien faire la différence entre la négation de toute la phrase et une négation partielle :

  Je ne danse pas : ich tanze nicht.
  Je ne danse pas avec lui : ich tanze nicht mit ihm.

- La place de *nicht* est donc différente :

  nicht est le plus loin possible dans la phrase dans une négation globale.

  Das habe ich nicht gesagt.
  Ich will das nicht.

  Nicht est devant l'élément à nier dans une négation partielle.

  Nicht das rote Kleid, sondern das blaue!
  Nicht heute, sondern morgen.
  Ich habe es nicht ihm gesagt, sondern ihr.

- *Kein* peut être un pronom indéfini. Dans ce cas, il se décline comme *ein* :

  Je n'en ai pas : ich habe keine/keinen/keins.

Fiche 58 — On : man ou einen ?

Rappel

Le pronom indéfini man est toujours sujet du verbe. Il peut s'utiliser à l'accusatif (einen) ou au datif (einem). Il s'agit dans ce cas du vous indéterminé.

Compléter !

1. Il faudrait déjà que quelqu'un vous le dise !	*Das müsste .... erst einmal gesagt werden!*
2. On me l'a dit.	*............ hat es mir erzählt.*
3. Cette couleur ne se porte plus cet été.	*Diese Farbe trägt .... diesen Sommer nicht mehr.*
4. On est content quand quelqu'un s'occupe de vous.	*............ ist froh, wenn jemand sich um .... kümmert.*
5. Quand quelqu'un vous aide, c'est plus facile.	*Wenn .... geholfen wird, ist es leichter.*
6. Quand on pense à ce qui aurait pu arriver !	*Wenn .... bedenkt, was hätte passieren können!*
7. Cela vous coûte beaucoup d'argent pour rien.	*Das kostet .... viel Geld für nichts.*
8. Du sport, ça ne peut jamais vous faire du mal.	*Sport kann .... nicht schaden.*
9. Il ne vous est pas toujours facile de refuser.	*Es fällt .... nicht immer leicht abzulehnen.*
10. On t'a vu !	*............ hat dich gesehen!*

Score ... /10

Corrigés

1. Das müsste einem erst einmal gesagt werden!
2. Man hat es mir erzählt.
3. Diese Farbe trägt man diesen Sommer nicht mehr.
4. Man ist froh, wenn jemand sich um einen kümmert.
5. Wenn einem geholfen wird, ist es leichter.
6. Wenn man bedenkt, was hätte passieren können!
7. Das kostet einen viel Geld für nichts.
8. Sport kann einem nicht schaden.
9. Es fällt einem nicht immer leicht abzulehnen.
10. Man hat dich gesehen!

Astuces et commentaires

- Lorsque *einen* ou *einem* ne sont pas suivis d'un substantif, il s'agit de *man* décliné.

- Ne pas confondre avec les pronoms *einer*, *eine*, *eines* : un, une
  l'une des deux : eine von beiden
  l'un de vous : einer von euch
  l'un ou l'autre : der eine oder andere
  les uns : die einen
  avec les uns : mit den einen etc.

- Le « on » français est souvent rendu par le passif en allemand.
  Man hat dich gesehen = du bist gesehen worden.

Fiche 59 Passer : passieren ou vorbeigehen ?

Rappel

vorbei/gehen : passage dans le temps ou dans l'espace

passieren : accident, événement dramatique

Compléter !

1. Qu'est-ce qui se passe ?	*Was ist ....?*
2. Le chagrin passe souvent vite à cet âge.	*Kummer .... oft schnell .... in diesem Alter.*
3. Elle est passée sans me voir.	*Sie ist ...., ohne mich zu sehen.*
4. Un accident est arrivé dans la rue.	*Ein Unfall ist in unserer Straße ....*
5. Il est passé en voiture.	*Er ist mit dem Auto .... gefahren.*
6. Il est passé nous voir en coup de vent.	*Er ist nur auf einen Sprung ....*
7. C'est arrivé près de chez nous.	*Es ist nicht unweit von uns ....*
8. Ce sont des choses qui arrivent !	*Solche Dinge .... halt!*
9. Il lui est arrivé quelque chose ?	*Ist ihm etwas ....?*
10. Le chemin passe devant ta maison.	*Der Weg führt an deinem Haus ....*

Score ... /10

Corrigés

1. Was ist passiert?
2. Kummer geht oft schnell vorbei in diesem Alter.
3. Sie ist vorbeigegangen, ohne mich zu sehen.
4. Ein Unfall ist in unserer Straße passiert.
5. Er ist mit dem Auto vorbeigefahren.
6. Er ist nur auf einen Sprung vorbeigekommen.
7. Es ist nicht unweit von uns passiert.
8. Solche Dinge passieren halt!
9. Ist ihm etwas passiert?
10. Der Weg führt an deinem Haus vorbei.

Astuces et commentaires

- *Vorbei* indique le passage. Le verbe qui suit précise le moyen de ce passage : à pied, en cheval, à vélo… Tous les verbes de mouvement sont donc possibles.
  vorbei/laufen-gehen-rennen-schwimmen-fahren-fliegen, etc.

- Es ist passiert = Es ist geschehen (ie, a, e)

- D'autres expressions très courantes :
  Es ist neun Uhr vorbei : il est neuf heures passées.
  Vorbei ist vorbei : le passé c'est le passé.
  an jemandem vorbei/reden : avoir un dialogue de sourds/ne pas se faire comprendre.

Fiche 60 Passer : vertreiben ou verbringen ?

Rappel

vertreiben : passer le temps à combattre l'ennui, chasser l'ennui
verbringen : passer le temps en pratiquant une activité

Compléter !

1. J'ai fait passer le temps en bouquinant.	*Ich habe mir die Zeit mit Schmökern ………… .*
2. Nous avons passé le week-end à Paris.	*Wir haben das Wochenende in Paris ………… .*
3. Comment chasser tes idées noires ?	*Wie kann ich deine schwarzen Gedanken …………?*
4. J'ai passé ma jeunesse chez mes grands-parents.	*Ich habe meine Jugend bei meinen Großeltern ………… .*
5. Je vais passer mon dernier semestre en Allemagne.	*Ich ………… mein letztes Semester in Deutschland.*
6. Où passes-tu l'été ?	*Wo ………… du den Sommer?*
7. La plupart des gens passent leurs loisirs devant la télé.	*Die meisten Leute ………… ihre Zeit vor der Glotze.*
8. Ce sont des jeux pour passer le temps en voiture.	*Das sind Spiele, um im Auto die Zeit zu ………… .*
9. Nous passons beaucoup de temps ensemble.	*Wir ………… viel Zeit miteinander.*
10. Combien d'heures ton fils passe devant son ordinateur ?	*Wieviel Stunden ………… dein Sohn vor seinem PC?*

Score
… /10

Corrigés

1. Ich habe mir die Zeit mit Schmökern vertrieben.
2. Wir haben das Wochenende in Paris verbracht.
3. Wie kann ich deine schwarzen Gedanken vertreiben?
4. Ich habe meine Jugend bei meinen Großeltern verbracht.
5. Ich verbringe mein letztes Semester in Deutschland.
6. Wo verbringst du den Sommer?
7. Die meisten Leute verbringen ihre Zeit vor der Glotze.
8. Das sind Spiele, um im Auto die Zeit zu vertreiben.
9. Wir verbringen viel Zeit miteinander.
10. Wieviel Stunden verbringt dein Sohn vor seinem PC?

Astuces et commentaires

- Autre sens de *vertreiben* : chasser, expulser
  Ausländer vertreiben : expulser des étrangers
  Vögel vertreiben : chasser des oiseaux
  seinen Kummer vertreiben : chasser, dissiper son chagrin

- Der Zeitvertreib : le passe-temps

Fiche 61 Passif ou actif : war ou wurde ?

Rappel

war + participe passé = plus-que-parfait
wurde + participe passé = prétérit du passif

Compléter !

1. Le peuple a été opprimé.	*Das Volk .... unterdrückt.*
2. Il faisait déjà bien froid ce matin-là.	*Es .... schon sehr kalt an jenem Morgen.*
3. Beaucoup de gens ont été forcés de rentrer.	*Viele Leute .... gezwungen nach Hause zu gehen.*
4. On le confondait souvent avec son frère jumeau.	*Er .... oft mit seinem Zwillingsbruder verwechselt.*
5. On essaie de sauver l'environnement.	*Es .... versucht, die Umwelt zu retten.*
6. La ville était complètement détruite.	*Die Stadt .... völlig zerstört.*
7. Un enfant fut trouvé.	*Ein Kind .... gefunden.*
8. Il était déjà endormi.	*Es .... schon eingeschlafen.*
9. Il s'était fait cambrioler.	*Es .... bei ihm eingebrochen.*
10. Beaucoup de familles allemandes furent séparées en 1961.	*Viele deutsche Familien .... 1961 getrennt.*

Score ... /10

Corrigés

1. Das Volk wurde unterdrückt.
2. Es war schon sehr kalt an jenem Morgen.
3. Viele Leute wurden gezwungen nach Hause zu gehen.
4. Er wurde oft mit seinem Zwillingsbruder verwechselt.
5. Es wird versucht, die Umwelt zu retten.
6. Die Stadt war völlig zerstört.
7. Ein Kind wurde gefunden.
8. Es war schon eingeschlafen.
9. Es wurde bei ihm eingebrochen.
10. Viele deutsche Familien wurden 1961 getrennt.

Astuces et commentaires

- Certains verbes ne supportent pas le passif, tout comme en français d'ailleurs : *sterben*, *einschlafen*, *bekommen*, les auxiliaires de mode …

- Le passif avec *werden* décrit toujours une action, un événement en devenir :

  Das Fenster wird/wurde geöffnet/ist/war geöffnet worden
  = on considère le moment où on l'ouvre, où on l'a ouverte.

- Parfois, les deux auxiliaires sont possibles. Dans ce cas on n'obtient pas le même sens :

  Die Stadt war zerstört : elle était détruite. Résultat.
  Die Stadt wurde zerstört (durch Bomben): elle fut détruite par les bombes. Action.

- L'impersonnel « on » français est en général rendu par un passif allemand :

  On lui a donné un cadeau : ihm wurde ein Geschenk überreicht.

- Le participe passé de *werden* est *worden* pour la formation du passif. (cf. fiche 1)

Fiche 62 — Plus : comparatif ou superlatif ?

Rappel

comparatif : adjectif + er-, comparaison entre deux personnes ou deux choses.
superlatif : adjectif + st-, comparaison entre plus de deux personnes ou choses. Il peut être précédé de am + adjectif + st- quand il est attribut : am schönsten, am besten ...

Compléter !

1. Voici le plus jeune de mes enfants.	*Das ist mein jüng............es Kind.*
2. Nous avons deux fils, Pierre est le plus jeune.	*Wir haben zwei Söhne, Pierre ist der jüng............e.*
3. Tu es plus petit que moi.	*Du bist klein............ als ich.*
4. C'est la plus belle fille de l'école.	*Sie ist das schön............e Mädchen der Schule.*
5. Les plus belles choses sont les plus simples.	*Die schön............en Dinge sind die einfach............en.*
6. Elle comprend plus vite que lui.	*Sie versteht schnell............ als er.*
7. C'est lui qui comprend le plus vite.	*Er versteht am schnell............en.*
8. Ce remède est le plus efficace.	*Diese Medizin ist die effiziente ....e.*
9. C'est beaucoup plus drôle.	*Es ist viel lustig............*
10. Tu veux le plus léger des deux ?	*Willst du den leicht............en der beiden?*

Score ... /10

Corrigés

1. Das ist mein jüngstes Kind.
2. Wir haben zwei Söhne, Pierre ist der jüngere.
3. Du bist kleiner als ich.
4. Sie ist das schönste Mädchen der Schule.
5. Die schönsten Dinge sind die einfachsten.
6. Sie versteht schneller als er.
7. Er versteht am schnellsten.
8. Diese Medizin ist die effizienteste.
9. Es ist viel lustiger.
10. Willst du den leichteren der beiden?

Astuces et commentaires

- Attention aux adjectifs irréguliers : *gut* (best – besser) *gern* (liebst – lieber) *viel* (meist – mehr) *bald* (ehest – eher) *hoch* (höchst – höher)

- **De plus en plus :** immer mehr. Évitez de dire ou d'écrire *mehr und mehr.*
  de plus en plus de personnes : immer mehr Leute
  de plus en plus d'argent : immer mehr Geld

- **Am meisten ≠ meistens** faites bien la différence
  meistens = la plupart du temps
  Ich habe meistens kein Geld : la plupart du temps je n'ai pas d'argent.
  am meisten = le plus
  Er hat am meisten Geld : c'est lui qui a le plus d'argent.

- On rajoute un *e* intercalaire au superlatif afin d'éviter une trop grande succession de consonnes.
  leicht -> leicht-**e**-ste/interessant -> interessant-**e**-ste

Fiche 63 Pouvoir : können ou dürfen ?

Rappel

können : capacité physique ou intellectuelle
dürfen : avoir le droit, l'autorisation de

Compléter !

1. Je peux y aller ?	*........... ich hin?*
2. Je peux nager jusqu'à l'autre rive.	*Ich .... bis ans andere Ufer schwimmen.*
3. Tu peux me traduire cela ?	*........... du mir das übersetzen?*
4. Je peux sauter par-dessus le mur.	*Ich .... über die Mauer springen.*
5. Je peux fumer chez vous ?	*........... ich bei euch rauchen?*
6. Je peux conduire, si tu veux.	*Ich .... fahren, wenn du magst.*
7. Pouvons-nous partir maintenant ?	*........... wir jetzt gehen?*
8. Je peux avoir une glace ?	*........... ich ein Eis haben?*
9. Je peux venir avec vous ?	*........... ich mit euch kommen?*
10. Tu peux faire ce travail pour moi.	*Du .... diese Arbeit für mich erledigen.*

Score
... /10

Corrigés

1. Darf ich hin?
2. Ich kann bis ans andere Ufer schwimmen.
3. Kannst du mir das übersetzen?
4. Ich kann über die Mauer springen.
5. Darf ich bei euch rauchen?
6. Ich kann fahren, wenn du magst.
7. Können wir jetzt gehen?
8. Darf/kann ich ein Eis haben?
9. Darf/kann ich mit euch kommen?
10. Du kannst diese Arbeit für mich erledigen.

Astuces et commentaires

- Parfois les deux verbes peuvent être utilisés. *Können* signifiant souvent dans le langage courant « avoir l'autorisation de ».

- Rappelons-nous que les auxiliaires de mode restent à l'infinitif dans les temps composés quand ils sont précédés d'un infinitif (loi du double infinitif) :

  Er hat schwimmen können.
  Er hat allein fahren dürfen.

Fiche 64 Présenter : darstellen ou vorstellen ?

Rappel

dar/stellen : exposer, décrire des faits, présenter des idées
(sich) vor/stellen : (se) présenter à quelqu'un ou présenter quelqu'un. S'imaginer quelque chose

Compléter !

1. Présentez-vous !	*………… Sie sich …………!*
2. Le créateur a présenté ses nouveaux modèles.	*Der Modeschöpfer hat seine neuen Kreationen ………… .*
3. Imaginez ma surprise !	*………… Sie sich meine Überraschung …………!*
4. Cela représente beaucoup d'heures de travail.	*Das ………… viele Arbeitsstunden …………*
5. Puis-vous présenter mon ami.	*Darf ich Ihnen meinen Freund ………… .*
6. Le journaliste présente ses arguments.	*Der Journalist hat seine Argumente ………… .*
7. Qu'est-ce que ce tableau représente ?	*Was soll das Gemälde …………?*
8. Comment imagines-tu ton avenir ?	*Wie ………… du dir deine Zukunft …………?*
9. Il présenta les faits avec objectivité.	*Er ………… die Fakten objektiv ………… .*
10. L'étudiant nous a présenté ses méthodes de travail.	*Der Student hat uns seine Arbeitsmethoden ………… .*

Score … /10

Corrigés

1. Stellen Sie sich vor!
2. Der Modeschöpfer hat seine neuen Kreationen vorgestellt.
3. Stellen Sie sich meine Überraschung vor.
4. Das stellt viele Arbeitsstunden dar.
5. Darf ich Ihnen meinen Freund vorstellen.
6. Der Journalist hat seine Argumente dargestellt.
7. Was soll das Gemälde darstellen?
8. Wie stellst du dir deine Zukunft vor?
9. Er stellte die Fakten objektiv dar.
10. Der Student hat uns seine Arbeitsmethoden dargestellt.

Astuces et commentaires

- Ces deux verbes sont réguliers et séparables.
- ***Dar/stellen*** a toujours le sens d'exposer des idées, décrire quelque chose. Dans un commentaire littéraire, il remplace avantageusement les verbes *beschreiben* (décrire) ou *schildern* (décrire en détails).
- ***Darstellen*** peut également signifier « représenter » :

  Cela représente un vrai problème : das stellt ein richtiges Problem dar.

Quand : als ou wenn ?

Rappel

Als *s'emploie pour les faits uniques, une époque révolue dans le passé.* ***Wenn*** *s'emploie pour les faits répétitifs ou habituels du passé, les faits du présent ou du futur.*

Compléter !

1. Quand j'étais jeune, j'allais souvent au cinéma.	*........... ich jung war, ging ich oft ins Kino.*
2. Quand il m'a annoncé son mariage, j'étais contente.	*........... er mir seine Hochzeit ankündigte, war ich froh.*
3. Quand tu seras grand, tu feras ce que tu voudras.	*........... du groß bist, kannst du machen, was du willst.*
4. On ne boit pas d'alcool, quand on doit prendre la voiture.	*Man trinkt keinen Alkohol, ... man den Wagen nehmen muss.*
5. Quand tu avais mon âge, tu fumais déjà ?	*........... du so alt warst wie ich, hast du da schon geraucht?*
6. Quand on entend des choses pareilles, on désespère de l'humanité.	*........... man so etwas hört, verzweifelt man an der Menschheit.*
7. La salle se tut, quand il entra.	*Im Saal wurde es still, ... er eintrat.*
8. Quand mes enfants étaient petits, je ne pensais pas à ma carrière.	*........... meine Kinder noch klein waren, dachte ich nicht an Karriere.*
9. Quand tu auras fini, tu me le dis.	*........... du fertig bist, sag mir Bescheid.*
10. Quand il y avait la guerre, nous mourions de faim.	*........... Krieg war, starben wir vor Hunger.*

Score

... /10

Corrigés

1. Als ich jung war, ging ich oft ins Kino
2. Als er mir seine Hochzeit ankündigte, war ich froh.
3. Wenn du groß bist, kannst du machen, was du willst.
4. Man trinkt keinen Alkohol, wenn man den Wagen nehmen muss.
5. Als du so alt warst wie ich, hast du da schon geraucht?
6. Wenn man so etwas hört, verzweifelt man an der Menschheit.
7. Im Saal wurde es still, als er eintrat.
8. Als meine Kinder noch klein waren, dachte ich nicht an Karriere.
9. Wenn du fertig bist, sag mir Bescheid.
10. Als Krieg war, starben wir vor Hunger.

Astuces et commentaires

- **Un test :** si vous pouvez ajouter *jedesmal* (chaque fois que), et que votre phrase a un sens, alors vous devez employer *wenn*.
- *Als* et *wenn* s'opposent uniquement au passé :
  wenn ich mit dem Rad fuhr (à chaque fois que)
  als ich mit dem Rad fuhr (à l'époque où, le jour où)
- **Construction de phrase :** *als* et *wenn* sont des subordonnants. Le verbe conjugué est à la fin.
- Une virgule sépare les deux propositions.

Fiche 66 Qui : wer, wen ou wem ?

Rappel

Wer se décline : wen à l'accusatif, wem au datif, wessen au génitif.

Compléter !

1. Qui est là ?	.... ist da?
2. À qui as-tu donné mon numéro ?	.... hast du meine Nummer gegeben?
3. À qui appartient ce pull ?	.... gehört dieser Pulli?
4. Qui as-tu appelé ?	.... hast du angerufen?
5. Qui veut du vin ?	.... will Wein?
6. Je ne sais pas à qui appartient ce portable.	Ich weiß nicht, ... Handy das ist.
7. À qui as-tu pensé ?	An .... hast du gedacht?
8. La police veut savoir qui tu as vu.	Die Polizei will wissen, ... du gesehen hast.
9. Chez qui étais-tu ?	Bei .... warst du?
10. Je ne sais pas de qui est cette carte.	Ich weiß nicht, von .... die Karte ist.

Score ... /10

Corrigés

1. Wer ist da?
2. Wem hast du meine Nummer gegeben?
3. Wem gehört dieser Pulli?
4. Wen hast du angerufen?
5. Wer will Wein?
6. Ich weiß nicht, wem das Handy ist.
7. An wen hast du gedacht?
8. Die Polizei will wissen, wen du gesehen hast.
9. Bei wem warst du?
10. Ich weiß nicht, von wem die Karte ist.

Astuces et commentaires

- Les règles gouvernant les accusatifs et les datifs restent inchangées :
  – bei/mit/nach/von/zu + we**m**
  – durch/für/gegen/ohne/um + we**n**

- ***was*** **=** quoi :
  was machst du/was sagst du…

- ***Wo*** **+ préposition** = quand il ne s'agit pas de personnes, mais de choses inanimées :
  À quoi penses-tu : woran denkst du
  mais
  À qui penses-tu : an wen denkst du

- *Wessen* est rare :
  Wessen Pullover ist das = wem gehört der Pullover.

Fiche 67 Regarder : sehen, schauen, sich anschauen ?

Rappel

sehen/schauen : voir, regarder, sens général

jdm zusehen/zuschauen : regarder faire quelque chose, observer

jdn/sich etwas ansehen/anschauen : regarder avec attention

Compléter !

1. Regarde l'avion là-bas !	*........... mal das Flugzeug dort!*
2. Il regarde sa montre toutes les 5 minutes.	*Er .... alle 5 Minuten auf seine Uhr.*
3. Regarde-voir.	*........... mal her.*
4. Ils regardent par la fenêtre.	*Sie .... aus dem Fenster.*
5. Je l'ai regardé faire son travail.	*Ich habe ihm bei der Arbeit ....*
6. Il ne me regarde jamais dans les yeux.	*Er .... mir nie in die Augen.*
7. Regarde-moi quand je te parle.	*........... mich ...., wenn ich mit dir rede.*
8. Regarde-toi dans un miroir.	*........... dich mal im Spiegel ....*
9. À y regarder de près, j'ai été déçu.	*Beim näheren .... war ich enttäuscht.*
10. Je me suis contenté de regarder le match.	*Ich habe dem Spiel nur ....*

Score

... /10

Corrigés

1. Schau mal das Flugzeug dort!
2. Er sieht/schaut alle 5 Minuten auf seine Uhr.
3. Schau mal her.
4. Sie schaut/sieht aus dem Fenster.
5. Ich habe ihm bei der Arbeit zugesehen.
6. Er sieht/schaut mir nie in die Augen.
7. Schau/sieh mich an, wenn ich mit dir rede.
8. Schau dich mal im Spiegel an.
9. Beim näheren Zusehen war ich enttäuscht.
10. Ich habe dem Spiel nur zugesehen.

Astuces et commentaires

- *Sehen* et *schauen* sont souvent synonymes. Il existe pourtant une nuance :
  sehen = voir
  schauen = regarder

- *Sehen* est un verbe de perception. Il exige donc un double infinitif aux temps du passé quand il est précédé d'un infinitif.
  Ich habe sie gesehen.
  Mais :
  Ich habe sie nach Hause kommen sehen.

- Attention :
  regarder la télévision : fern/sehen
  regarder un film à la télévision : sich einen Film am Fernsehen anschauen/ansehen

- Sich etwas ansehen/anschauen a souvent le sens de contempler :
  sich ein Gemälde, eine Landschaft ansehen/anschauen

Fiche 68

Rencontrer : treffen ou begegnen ?

Rappel

begegnen : se rencontrer fortuitement, se revoir
treffen : se retrouver, se donner RDV, se réunir

Compléter !

1. Il faut qu'on se rencontre pour en parler.	*Wir müssen uns ...., um darüber zu reden.*
2. Nous nous sommes revus 10 ans plus tard.	*Wir sind uns 10 Jahre später wieder ....*
3. Ils se retrouvent tous les jours à 16 heures.	*Sie .... sich jeden Tag um 16 Uhr.*
4. Je l'ai rencontré par hasard.	*Ich bin ihm zufällig ....*
5. Quand est-ce que tu l'as rencontré pour la dernière fois ?	*Wann bist du ihm das letzte Mal ....?*
6. Je n'ai plus le temps de rencontrer mes copains.	*Ich habe keine Zeit mehr, mich mit meinen Freunden zu ....*
7. Je n'aurais jamais dû le rencontrer.	*Ich hätte ihm nie .... sollen.*
8. Nous allons hélas le rencontrer encore souvent.	*Leider werden wir ihm oft ....*
9. Leurs regards se rencontrèrent.	*Ihre Blicke .... sich.*
10. Quand puis-je vous rencontrer ?	*Wann kann ich Sie ....?*

Score
... /10

Corrigés

1. Wir müssen uns treffen, um darüber zu reden.
2. Wir sind uns 10 Jahre später wieder begegnet.
3. Sie treffen sich jeden Tag um 16 Uhr.
4. Ich bin ihm zufällig begegnet.
5. Wann bist du ihm das letzte Mal begegnet?
6. Ich habe keine Zeit mehr, mich mit meinen Freunden zu treffen.
7. Ich hätte ihm nie begegnen sollen.
8. Leider werden wir ihm noch oft begegnen.
9. Ihre Blicke begegneten sich.
10. Wann kann ich Sie treffen?

Astuces et commentaires

- Attention aux constructions :
  – jemanden treffen (i, a, o) : accusatif
  Ich **habe** ihn getroffen.
  – jemandem begegnen : datif
  Ich **bin** ihm begegnet.
  – sich treffen : se retrouver
  Wir **haben** uns im Café getroffen.

- Attention :
  rencontrer des problèmes, des difficultés :
  stoßen (ö, ie, ist gestoßen) auf + accusatif : Er ist auf Schwierigkeiten gestoßen.

Fiche 69 Se : sich, ihn ou ihm ?

Rappel

Sich est un pronom réfléchi, à la 3e personne. Il ne bouge pas, ni au datif ni à l'accusatif, ni au singulier ni au pluriel.
Les pronoms **ihm, ihn ou ihnen** sont employés quand il s'agit d'un autre que soi-même.

Compléter !

1. Il se dit que cela ira mieux demain.	*Er sagt ...., es werde morgen alles anders aussehen.*
2. Il lui dit que cela ira mieux demain.	*Er sagt ...., morgen werde alles anders aussehen.*
3. Il se connaît.	*Er kennt ....*
4. Il le connaît.	*Er kennt ....*
5. Ils se lavent les mains.	*Sie waschen .... die Hände.*
6. Ils leur lavent les mains.	*Sie waschen .... die Hände.*
7. Il s'est acheté une chemise.	*Er hat .... ein Hemd gekauft.*
8. Il s'accorde quelques jours de repos.	*Er genehmigt .... einige Tage Ruhe.*
9. Elle lui accorde quelques jours de repos.	*Sie genehmigt .... einige Tage Ruhe.*
10. Ils se plaignent du mauvais temps.	*Sie beklagen .... über das schlechte Wetter.*

Score ... /10

Corrigés

1. Er sagt sich, es werde morgen alles anders aussehen.
2. Er sagt ihm, morgen werde alles anders aussehen.
3. Er kennt sich.
4. Er kennt ihn.
5. Sie waschen sich die Hände.
6. Sie waschen ihnen die Hände.
7. Er hat sich ein Hemd gekauft.
8. Er genehmigt sich einige Tage Ruhe.
9. Sie genehmigt ihm einige Tage Ruhe.
10. Sie beklagen sich über das schlechte Wetter.

Astuces et commentaires

- Moyen mnémotechnique : on emploie *sich* quand le sujet est repris par un pronom personnel de la 3e personne.
  Er ist unzufrieden **mit sich**.

- Au féminin ou au neutre, la règle reste la même :
  Sie wäscht **sich** die Hände/**es** wäscht **sich** die Hände.

Fiche 70 Seulement/que : erst ou nur ?

Rappel

Les deux mots indiquent une restriction, une limitation
erst *: dans un contexte temporel*
nur *: dans une notion de quantité.*

Compléter !

1. Ma fille n'a que 10 ans.	*Meine Tochter ist .... 10.*
2. Je n'ai que cinq jours pour préparer cet examen.	*Ich habe .... fünf Tage, um mich auf das Examen vorzubereiten.*
3. Nous n'avons parcouru que la moitié du chemin.	*Wir haben .... die Hälfte der Strecke zurückgelegt.*
4. J'ai seulement une clé pour mon appartement.	*Ich habe .... einen Wohnungsschlüssel.*
5. Elle ne coûte que 100 euros.	*Sie kostet .... 100 Euro.*
6. Si seulement il pouvait revenir !	*Wenn er .... zurückkommen könnte!*
7. Ils ne sont partis qu'à midi.	*Sie sind .... um zwölf los gefahren.*
8. Il n'est que 20 heures.	*Es ist .... 20 Uhr.*
9. Je ne peux être là que demain.	*Ich kann .... morgen da sein.*
10. Je n'ai eu que des ennuis avec cette voiture.	*Ich habe .... Probleme mit diesem Wagen gehabt.*

Score ... /10

Corrigés

1. Meine Tochter ist erst 10.
2. Ich habe nur fünf Tage, um mich auf das Examen vorzubereiten.
3. Wir haben erst/nur die Hälfte der Strecke zurückgelegt.
4. Ich habe nur einen Wohnungsschlüssel.
5. Sie kostet nur 100 Euro.
6. Wenn er nur zurückkommen könnte!
7. Sie sind erst um zwölf los gefahren.
8. Es ist erst 20 Uhr.
9. Ich kann erst morgen da sein.
10. Ich habe nur Probleme mit diesem Wagen gehabt.

Astuces et commentaires

- Les deux mots peuvent être utilisés dans la même phrase. Ils n'auront pas le même sens. *Erst* marque un résultat provisoire, *nur* un résultat définitif.

  Exemples :
  Ich habe erst 50 Seiten gelesen = je continue plus tard.
  Ich habe nur 50 Seiten gelesen = je ne continue pas.
  Wir haben erst die Hälfte der Strecke zurückgelegt : on continue.
  Wir haben nur die Hälfte der Strecke zurückgelegt : on s'arrête.

- Dans un contexte temporel, notons :

  Meine Tochter ist erst 10 : l'année prochaine elle aura 11 ans.
  Le temps passe.
  Meine Tochter ist nur 10 geworden : elle est décédée.
  Le résultat est définitif.

Fiche 71 Si : ob ou wenn ?

Rappel

Ob *introduit une question.*
Wenn *introduit une subordonnée conditionnelle ou temporelle.*

Compléter !

1. Si tu veux, on va au cinéma.	*........... du willst, gehen wir ins Kino.*
2. Elle demande, si tu veux aller au cinéma.	*Sie fragt, ... du ins Kino willst.*
3. Je viens si j'ai le temps.	*Ich komme, ... ich Zeit habe.*
4. Si tu n'as rien à faire, viens !	*........... du nichts zu tun hast, komm!*
5. Je me demande s'ils vont nous inviter.	*Ich frage mich, ... sie uns einladen werden.*
6. Tu veux savoir si j'ai gagné ?	*Willst du wissen, ... ich gewonnen habe?*
7. Je doute s'il va réussir.	*Ich zweifle, ... es ihm gelingen wird.*
8. Si jamais tu le vois, dis-lui de m'appeler.	*........... du ihn je siehst, sag ihm, er soll anrufen.*
9. Si tu es en forme, on part à vélo.	*........... du fit bist, fahren wir mit dem Rad.*
10. Ce n'est pas sûr que je puisse le faire.	*Es ist nicht sicher, ... ich es tun kann.*

Score ... /10

Corrigés

1. Wenn du willst, gehen wir ins Kino.
2. Sie fragt, ob du ins Kino willst.
3. Ich komme, wenn ich Zeit habe.
4. Wenn du nichts zu tun hast, komm!
5. Ich frage mich, ob sie uns einladen werden.
6. Willst du wissen, ob ich gewonnen habe?
7. Ich zweifle, ob es ihm gelingen wird.
8. Wenn du ihn je siehst, sag ihm, er soll anrufen.
9. Wenn du fit bist, fahren wir mit dem Rad.
10. Es ist nicht sicher, ob ich es tun kann.

Astuces et commentaires

- Attention à la question indirecte. Le verbe introducteur est souvent différent du simple verbe « *fragen* ». Quand on doute par exemple, on se pose une question. Donc : *ob* !

- Attention à ne pas confondre le *wenn* temporel et le *wenn* conditionnel. Un test facile à faire : si vous pouvez rajouter *jedesmal* (à chaque fois), sans dénaturer le sens de la phrase, il s'agit d'une temporelle.

- *Wenn* exprime également un souhait :

  Si seulement j'avais le temps ! : wenn ich nur Zeit hätte!

Fiche 72 S'occuper de : sich kümmern um ou betreuen ?

Rappel

sich kümmern um : faire attention à, se soucier de, sens général

betreuen : s'occuper dans le contexte d'un encadrement, de soins.

Compléter !

1. Elle s'occupe de ses enfants.	*Sie ………… sich um ihre Kinder.*
2. Il s'occupe de personnes âgées.	*Er ………… ältere Menschen.*
3. Je ne me suis jamais occupé de cela.	*Ich habe mich nie darum ………… .*
4. L'été, il s'occupe d'enfants.	*Im Sommer ………… er Kinder.*
5. Je m'en occupe.	*Ich ………… mich darum.*
6. On devrait plus s'occuper des pays émergeants.	*Man sollte sich mehr um Schwellenländer ………… .*
7. Nous nous occupons des chiens en leur absence.	*Wir ………… ihre Hunde während ihrer Abwesenheit.*
8. Il faut s'occuper du jardin cette semaine.	*Diese Woche müssen wir uns um den Garten ………… .*
9. Occupe-toi de tes affaires.	*………… dich um deine Angelegenheiten.*
10. Ici on s'occupe de jeunes sportifs.	*Hier werden junge Sportler ………… .*

Score ... /10

Corrigés

1. Sie kümmert sich um ihre Kinder.
2. Er betreut ältere Menschen.
3. Ich habe mich nie darum gekümmert.
4. Im Sommer betreut er Kinder.
5. Ich kümmere mich darum.
6. Man sollte sich mehr um Schwellenländer kümmern.
7. Wir betreuen ihre Hunde während ihrer Abwesenheit.
8. Diese Woche müssen wir uns um den Garten kümmern.
9. Kümmere dich um deine Angelegenheiten.
10. Hier werden junge Sportler betreut.

Astuces et commentaires

- sich kümmern um + accusatif
  betreuen + accusatif

- Pour bien faire la différence, notons :
  Sie kümmert sich um die alte Dame : elle s'occupe de la dame par amitié, en bonne voisine etc.
  Sie betreut die alte Dame : elle s'en occupe dans le cadre de sa profession dans un hôpital, une maison de retraite etc.

- Notons également : ***der Betreuer*** (-) : le moniteur, l'animateur, le responsable d'un groupe.

- **Sich mit etwas** (datif) **beschäftigen/befassen** : s'occuper d'une activité intellectuelle ou de loisirs :
  sich mit Kunst/mit Philosophie beschäftigen
  sich mit orientalischen Religionen befassen

Fiche 73 Son : ihr ou sein ?

Rappel

Ce sont des pronoms possessifs.
sein- : *possesseur masculin ou neutre*
ihr- : *possesseur féminin ou pluriel*

Compléter !

1. Elle m'a dit que son père était malade.	*Sie hat mir gesagt, ... Vater sei krank.*
2. Il a vendu son vélo.	*Er hat .... Fahrrad verkauft.*
3. Ils appellent leurs amis.	*Sie rufen ....e Freunde an.*
4. Elle entretient son jardin.	*Sie pflegt ....en Garten.*
5. Elle aime les enfants de son frère.	*Sie liebt die Kinder ....es Bruders.*
6. Il fait son travail.	*Er macht ....e Arbeit.*
7. Il ne se préoccupe que de son argent.	*Er kümmert sich nur um .... Geld.*
8. Elle est sortie avec sa sœur.	*Sie ist mit ....er Schwester ausgegangen.*
9. Ils sont en vacances avec leurs enfants.	*Sie sind mit ....en Kindern in Urlaub.*
10. Il est dehors avec son chien.	*Er ist draußen mit ....em Hund.*

Score
... /10

Corrigés

1. Sie hat mir gesagt, ihr Vater sei krank.
2. Er hat sein Fahrrad verkauft.
3. Sie rufen ihre Freunde an.
4. Sie pflegt ihren Garten.
5. Sie liebt die Kinder ihres Bruders.
6. Er macht seine Arbeit.
7. Er kümmert sich nur um sein Geld.
8. Sie ist mit ihrer Schwester ausgegangen.
9. Sie sind mit ihren Kindern in Urlaub.
10. Er ist draußen mit seinem Hund.

Astuces et commentaires

- Les pronoms se déclinent. Ils portent les marques de l'article *der, die, das* :

  Ich gebe de**m** Mann/ihre**m** Mann/seine**m** Kind
  de**n** Kindern/ihre**n** Kindern
  d**er** Frau/sein**er** Frau etc.

- L'adjectif qui suit est mixte :

  Ich pflege ihr kleines Kind.
  Ich gratuliere ihrem erfolgreichen Mann.
  Er spricht mit seinem kranken Kind.
  Ihr hohes Alter ist beneidenswert.

ß ou ss ?

Rappel

ß après une voyelle double ou une voyelle longue
ss dans tous les autres cas.

Compléter !

1. Je veux que tu rentres.	*Ich will, da............ du Heim kommst.*
2. Le fleuve baisse.	*Der Flu............ sinkt.*
3. Tu as bien grandi !	*Du bist aber gro .... geworden!*
4. Mes pieds me font mal.	*Die Fü............e tun mir weh.*
5. Je suis obligé de le faire.	*Ich mu............ es tun.*
6. Sais-tu quelle heure il est ?	*Wei............t du, wie spät es ist?*
7. Cet objet est laid.	*Dieser Gegenstand ist hä............lich.*
8. Cette race de chiens me plaît beaucoup.	*Diese Hundera............e gefällt mir.*
9. Je m'appelle Angela.	*Ich hei............e Angela.*
10. Le château est magnifique.	*Das Schlo............ ist wunderschön.*

Score ... /10

Corrigés

1. Ich will, dass du Heim kommst.
2. Der Fluss sinkt.
3. Du bist aber groß geworden.
4. Die Füße tun mir weh.
5. Ich muss es tun.
6. Weißt du, wie spät es ist?
7. Dieser Gegenstand ist hässlich.
8. Diese Hunderasse gefällt mir.
9. Ich heiße Angela.
10. Das Schloss ist wunderschön.

Astuces et commentaires

- Pour un étranger, il est difficile de faire la différence entre une voyelle longue et une voyelle brève.
  L'erreur à éviter absolument, c'est ~~daß~~
  Prenez l'habitude du *dass*.

- Notez également le vocabulaire de base :
  die Straße, groß, grüßen, außen, außer, der Kuss, küssen, der Schluss (mais schließen), der Strauß, beißen, fleißig, heißen, fließen (mais er floss), der Fluss, der Fuß, der Prozess, genießen (mais er genoss), wissen (mais er weiß, er wusste), hassen, zerreißen (mais er zerriss), ein bisschen, essen, er isst (mais er aß) …

Fiche 75 Tout : alles ou ganz ?

Rappel

alles/alle : tout/tous – toutes
ganz : tout, exprime une totalité, une chose entière

Compléter !

1. J'ai tout dit.	*Ich habe .... gesagt.*
2. Toute l'Europe est en grève.	*............ Europa ist in den Streik getreten.*
3. Tout le monde a voté pour.	*............ haben dafür gewählt.*
4. Toute la place était pleine de monde.	*Der .... Platz war voller Leute.*
5. J'ai bu toute la bouteille de vin.	*Ich habe die .... Flasche ausgetrunken.*
6. Tous les enfants devraient avoir les mêmes chances.	*............ Kinder sollten dieselben Chancen haben.*
7. Vous êtes tous invités !	*Ihr seid .... eingeladen!*
8. J'ai travaillé toute la journée.	*Ich habe den .... Tag gearbeitet.*
9. Tous les habitants ont été interrogés.	*............ Einwohner sind befragt worden.*
10. Toute l'affaire a été dévoilée.	*Die .... Sache ist ans Tageslicht gekommen.*

Score ... /10

Corrigés

1. Ich habe alles gesagt.
2. Ganz Europa ist in den Streik getreten.
3. Alle haben dafür gewählt.
4. Der ganze Platz war voller Leute.
5. Ich habe die ganze Flasche ausgetrunken.
6. Alle Kinder sollten dieselben Chancen haben.
7. Ihr seid alle eingeladen!
8. Ich habe den ganzen Tag gearbeitet.
9. Alle Einwohner sind befragt worden.
10. Die ganze Sache ist ans Tageslicht gekommen.

Astuces et commentaires

- *Alle* est en général suivi d'un nom au pluriel.
- Les noms de continent, de pays ou de villes sont précédés de *ganz* sans article :
  ganz Afrika/ganz Australien/ganz Deutschland/ganz Spanien …
- Après *alle* il n'y a pas d'article : tous les films = alle Filme/tous les étudiants = alle Studenten.

Traverser : über ou durch ?

Rappel

über : *passer par un lieu, un obstacle, une limite*
durch : *passer à travers un endroit clos et dans tous les sens figurés*

Compléter !

1. Il a traversé la rue sans faire attention.	*Er ist .... die Straße gelaufen, ohne aufzupassen.*
2. Nous avons dû traverser la forêt.	*Wir haben .... den Wald gehen müssen.*
3. Les fugitifs ont traversé le pont.	*Die Flüchtlinge sind .... die Brücke gekommen.*
4. Nous avons traversé le tunnel sous la Manche.	*Wir sind .... den Eurotunnel gefahren.*
5. Ils ont traversé des temps difficiles.	*Sie sind .... schwere Zeiten gegangen.*
6. Cela m'a traversé l'esprit.	*Es ist mir .... den Kopf gegangen.*
7. Les déchets radioactifs traversent le nord de l'UE.	*Der Atommüll fährt .... ganz Nordeuropa.*
8. Nous avons traversé toute la France.	*Wir sind .... ganz Frankreich gefahren.*
9. Nous avons traversé la frontière.	*Wir sind .... die Grenze gefahren.*
10. Il faut traverser la place.	*Wir müssen .... den Platz laufen.*

Score ... /10

Corrigés

1. Er ist über die Straße gelaufen, ohne aufzupassen.
2. Wir haben durch den Wald gehen müssen.
3. Die Flüchtlinge sind über die Brücke gekommen.
4. Wir sind durch den Eurotunnel gefahren.
5. Sie sind durch schwere Zeiten gegangen.
6. Es ist mir durch den Kopf gegangen.
7. Der Atommüll fährt durch ganz Nordeuropa.
8. Wir sind durch ganz Frankreich gefahren.
9. Wir sind über die Grenze gefahren.
10. Wir müssen über den Platz laufen.

Astuces et commentaires

- Ces deux prépositions dans une même phrase donnent un sens un peu différent :
  über Deutschland fahren : passer par l'Allemagne, pour aller ailleurs
  durch Deutschland fahren : voyager en Allemagne pour la visiter

- durch das Meer schwimmen : on est dans l'eau, il y a contact.
  übers Meer fahren : on est dans un bateau

- Des verbes de mouvement se greffent sur ces deux prépositions :
  überqueren, überschreiten
  durchqueren, durchschreiten, durchschwimmen ...

Fiche 77

Tuer : umbringen ou umkommen ?

Rappel

umbringen/töten : tuer quelqu'un. Verbe transitif
umkommen : se tuer, périr, mourir de mort violente. Verbe intransitif

Compléter !

1. Il s'est tué dans un accident.	*Er ist in einem Unfall............*
2. Ce bruit me tue.	*Dieser Lärm ....*
3. Mon père va me tuer s'il apprend cela.	*Mein Vater ...., wenn er das erfährt.*
4. Il a été tué à la guerre.	*Er ist im Krieg ....*
5. Le tsunami a tué des milliers de personnes.	*Der Tsunami hat tausende Menschen ....*
6. Des milliers de personnes ont été tuées par le tsunami.	*Tausende Menschen wurden von dem Tsunami ....*
7. La pollution va tous nous tuer.	*Die Umweltverschmutzung wird uns alle ....*
8. Beaucoup de jeunes ont péri dans l'incendie.	*Viele Jugendliche sind im Brand ....*
9. Beaucoup d'étrangers ont péri en haute mer.	*Viele Ausländer sind auf hoher See ....*
10. Le SIDA nous tue tous, riches et pauvres.	*AIDS .... uns alle ...., ob arm oder reich.*

Score

... /10

Corrigés

1. Er ist in einem Unfall umgekommen.
2. Dieser Lärm bringt mich um.
3. Mein Vater bringt mich um, wenn er das erfährt.
4. Er ist im Krieg umgekommen.
5. Der Tsunami hat tausende Menschen umgebracht.
6. Tausende Menschen wurden von dem Tsunami umgebracht.
7. Die Umweltverschmutzung wird uns alle umbringen.
8. Viele Jugendliche sind im Brand umgekommen.
9. Viele Ausländer sind auf hoher See umgekommen.
10. AIDS bringt uns alle um, ob arm oder reich.

Astuces et commentaires

- Ces deux verbes ont des préverbes séparables.
  Ich habe ihn umgebracht.
  Er ist umgekommen/er kam im Krieg um.

- Notons quelques autres verbes :
  tuer : töten
  mourir : sterben (stirbt, starb, ist gestorben)
  mourir/tomber au front : im Krieg fallen
  assassiner : ermorden

Vers : hin ou her ?

Rappel

Hin indique un éloignement.
Her indique un rapprochement.

Compléter !

1. Viens voir.	*Komm mal ....*
2. Vas-y.	*Geh ....*
3. On va y aller en voiture.	*Wir fahren mit dem Wagen ....*
4. Il est venu vers nous en courant.	*Er ist .... gelaufen.*
5. Il grimpe dans l'arbre.	*Er klettert .... auf.*
6. Entrez !	*............ ein!*
7. Le vase est tombé par terre.	*Die Vase ist .... untergefallen.*
8. Il s'est penché au-dehors.	*Er hat sich .... gelehnt.*
9. Elle l'a envoyé en face chez la voisine.	*Sie hat ihn .... über zur Nachbarin geschickt.*
10. La voisine l'a envoyé chez nous.	*Die Nachbarin hat ihn .... übergeschickt.*

Score ... /10

Corrigés

1. Komm mal her.
2. Geh hin.
3. Wir fahren mit dem Wagen hin.
4. Er ist hergelaufen.
5. Er klettert hinauf.
6. Herein!
7. Die Vase ist heruntergefallen.
8. Er hat sich hinausgelehnt.
9. Sie hat ihn hinüber zur Nachbarin geschickt.
10. Die Nachbarin hat ihn herübergeschickt.

Astuces et commentaires

- Il faut toujours partir du point de vue de la personne qui parle, selon qu'elle voit s'éloigner ou s'approcher l'objet ou la personne dont on parle :
  Geh hin : vas-y, mais komm her : viens ici
  Komm da heraus : sors de là
  Geh da hinein : rentre là-dedans

- On peut avoir encore plus de précisions en y ajoutant une préposition :
  hinüber laufen : indique qu'on s'éloigne de la personne qui parle et qu'on traverse (un endroit) en courant

- ***Hin* et *her*** accompagnent les verbes de mouvement.
  hin/laufen – her/laufen
  hin/schwimmen – her/schwimmen
  hin/springen – her/springen, etc.
  Les compléments qui accompagnent ces verbes sont donc logiquement à l'accusatif.

- Les interrogatifs correspondants sont :
  wohin : où vas-tu
  woher : d'où viens-tu

- **Hin und her gehen =** faire les cent pas

Fiche 79 Quand : wann ou wenn ?

Rappel

Wann *introduit une question – directe ou indirecte.*
Wenn *introduit une subordonnée de temps.*

Compléter !

1. Quand est-ce qu'on part ?	*........... gehen wir?*
2. Elle me demande quand elle pourra venir.	*Sie fragt mich, ... sie kommen kann.*
3. Quand tu seras guéri, on ira se promener.	*........... du wieder gesund bist, gehen wir spazieren.*
4. Je suis content quand tu es là.	*Ich bin froh, ... du da bist.*
5. J'aimerais savoir quand tu me diras la vérité.	*Ich möchte wissen, ... du mir die Wahrheit sagen wirst.*
6. Depuis quand es-tu au chômage ?	*Seit .... bist du arbeitslos?*
7. J'ignore, quand ils rentreront.	*Ich weiß nicht, ... sie nach Hause kommen.*
8. Il veut savoir quand on sera à Paris.	*Er will wissen, ... wir in Paris sind.*
9. Achète du pain quand tu sortiras du bureau.	*Kauf Brot, ... du aus dem Büro kommst.*
10. Qu'en as-tu fait la vaisselle pour la dernière fois ?	*........... hast du zum letzten Mal gespült?*

Score ... /10

Corrigés

1. Wann gehen wir?
2. Sie fragt mich, wann sie kommen kann.
3. Wenn du wieder gesund bist, gehen wir spazieren.
4. Ich bin froh, wenn du da bist.
5. Ich möchte wissen, wann du mir die Wahrheit sagen wirst.
6. Seit wann bist du arbeitslos?
7. Ich weiß nicht, wann sie nach Hause kommen.
8. Er will wissen, wann wir in Paris sind.
9. Kauf Brot, wenn du aus dem Büro kommst.
10. Wann hast du zum letzten Mal gespült?

Astuces et commentaires

- ***Wenn*** est toujours un subordonnant. Le verbe conjugué est donc à la fin. Les deux propositions sont séparées par une virgule.

- ***Wann*** est :
  – soit un subordonnant. Il introduit donc une question indirecte. Le verbe conjugué est à la fin, les deux propositions sont séparées par une virgule :
  Er wusste nicht, wann der Film zu Ende ist;
  – soit un pronom interrogatif. Il introduit une question directe. Le verbe est en deuxième position, un point d'interrogation est nécessaire :
  Wann ist der Film zu Ende?

Fiche 80 — zu ou um … zu ?

Rappel

um … zu : indique le but, uniquement !
zu + infinitif présent ou passé : s'utilise dans tous les autres cas

Compléter !

1. Je travaille pour financer mes études.	*Ich arbeite, (mein Studium finanzieren)*
2. Je dois rentrer pour chercher mes affaires.	*Ich muss nach Hause, (meine Sachen holen)*
3. Je me réjouis de te voir si heureuse.	*Ich freue mich, dich so (glücklich sehen)*
4. Nous avons décidé d'y aller.	*Wir haben uns entschieden, (hin/ gehen)*
5. Il est fier d'avoir réglé l'affaire.	*Er ist stolz darauf, die Sache (erledigen)*
6. Nous croyons tous avoir raison.	*Wir glauben alle, recht (haben)*
7. Je lis la presse pour me tenir au courant.	*Ich lese die Presse, (mich auf dem Laufenden halten)*
8. Cela m'énerve d'avoir raté le train.	*Es ärgert mich, den Zug (verpassen)*
9. Mangez des légumes pour rester en bonne santé.	*Esst Gemüse, (gesund bleiben)*
10. J'espère réussir.	*Ich hoffe, es (schaffen)*

Score … /10

Corrigés

1. Ich arbeite, um mein Studium zu finanzieren.
2. Ich muss nach Hause, um meine Sachen zu holen.
3. Ich freue mich, dich so glücklich zu sehen.
4. Wir haben uns entschieden, hinzugehen.
5. Er ist stolz darauf, die Sache erledigt zu haben.
6. Wir glauben alle, recht zu haben.
7. Ich lese die Presse, um mich auf dem Laufenden zu halten.
8. Es ärgert mich, den Zug verpasst zu haben.
9. Esst Gemüse, um gesund zu bleiben.
10. Ich hoffe, es zu schaffen.

Astuces et commentaires

- Attention à l'infinitif passé :

  Er ist froh, die Sache zu regeln : il est content de régler l'affaire.

  Er ist froh, die Sache **erledigt zu haben**: il est content **d'avoir réglé** l'affaire.

- Lorsque le sujet de la subordonnée infinitive et de la principale n'est pas le même, il faut utiliser *damit* et un verbe conjugué :

  Er regelt die Sache, damit alle zufrieden sind : il règle l'affaire afin que tout le monde soit content.

- Attention aux verbes qui se construisent avec l'infinitif sans *zu*-, les auxiliaires de mode, *lassen*, les verbes de perception principalement :

  Ich muss gehen/ich höre ihn kommen/ich lasse es bleiben…

Notes

Notes

Notes

Notes

Notes

Notes

Dans la série *Bloc-notes*

Allemand

- *24 heures pour réussir l'écrit* [niveau 2]
- *Los!* Petits exercices de grammaire allemande pour bien réviser [niveau 1]
- *Lustig!* Apprendre et réviser son vocabulaire allemand en s'amusant [niveau 1]
- *SOS allemand.* Révision systématique de la grammaire et du vocabulaire [niveau 1] & [niveau 2]
- *Starten!* Communiquer efficacement en allemand [niveau 2]
- *Endlich!* Mieux comprendre l'Allemagne [niveau 2]
- *Tester sa grammaire allemande* en 12 séances et 1001 questions réponses [niveau 2]
- *Ab die Post!* Apprendre et réviser les préverbes allemands en s'amusant
- *Ende gut, alles gut!* [grands débutants]
- *Stopp!* Pour enfin maîtriser les 80 pièges classiques de l'allemand

Arabe

- *Je parle arabe* [niveau 1]
- *Takallam.* Communiquer efficacement en arabe

Chinois

- *Zhen bàng!* Parler chinois [niveau 2]
- *Tang hulu.* Friandises pour goûter la saveur des mots en chinois [niveau 1]

Espagnol

- *¡Así!* Apprendre ou réviser les bases de la grammaire espagnole en s'amusant [niveau 1]
- *Réussir son BTS espagnol* [niveau 2]
- *¡Vocabulario!* Apprendre et réviser son vocabulaire en jouant [niveau 1]
- *¿Sé o Sepa?* Apprendre et réviser les bases de la conjugaison espagnole en s'amusant [niveau 1]
- *¡Sin falta!* L'espagnol sans faute. Jeux d'orthographe

FLE

- *Ouf !* apprendre et réviser le vocabualire français en s'amusant [niveau 1]
- *SOS conjugaison !* Apprendre et réviser la conjugaison française [niveau 1]

Hébreu

- *Milim.* Apprendre et réviser le vocabulaire hébraïque en s'amusant [niveau 1]

Italien

- *Comunicatore.* Communiquer efficacement en italien
- *Paese che vai, motto che trovi.* 1001 expressions idiomatiques de l'italien d'aujourd'hui [niveau 2]
- *Giochi e parole.* Apprendre et réviser le vocabulaire italien en s'amusant [niveau 1] & [niveau 2]
- *Pronto ? Pronti !* Grammaire et vocabulaire pour débutants [niveau 1]
- *Prove.* Testez votre niveau en italien [niveau 1] & [niveau 2]
- *So sai sa...* Apprendre à réviser les bases de la conjugaison italienne

Japonais

- *Kakikata*. Écrire en japonais [niveau 1]
- *Mikado*. Apprendre ou réviser le vocabulaire japonais de base en s'amusant [niveau 1]
- *Tsukemono*. Pickles pour relever la saveur des mots en japonais [niveau 1]

Occitan

- *Òsca !* Je parle occitan [niveau 1]

Roumain

- *Drum bun*. Apprendre et réviser son vocabulaire roumain en s'amusant [niveau 1]

Russe

- *Pamiatka*. Apprendre et réviser le vocabulaire russe de base [niveau 1]
- *Je parle russe !* Grammaire pour débutants, 40 fiches avec exercices simples et ludiques pour prendre un bon départ en russe [niveau 1]
- *Je parle russe !* Grammaire pour un niveau intermédiaire, 40 fiches avec exercices variés et ludiques [niveau 2]
- *Zakouski*. Les amuse-bouche de l'alphabet cyrillique [niveau 1]
- *Granitsa*. Communiquer efficacement en russe [niveau 2]
- *Karandach*. Vocabulaire russe en images. Les 500 premiers mots de russe

Portugais

- *Portugês ? Claro !* Apprendre et réviser le vocabulaire courant [niveau 1]

Anglais

- *Full Stop!* Pour enfin maîtriser les 100 pièges classiques de l'anglais
- *TOEFL/TOEIC Express*. Autoévaluation. Grammaire
- *TOEFL/TOEIC Express*. Autoévaluation. Vocabulaire
- *English Academy*. Les 50 fautes d'usage les plus fréquentes en anglais [niveau 2]
- *Xpression*. Plus de 1300 expressions idiomatiques de l'anglais d'aujourd'hui [niveau 2]
- *English: why not?* Les bases de l'anglais. [niveau 1]
- *Complete to compete*. Réviser son vocabulaire anglais. Thèmes de société [niveau 2]
- *Fifty-fifty*. Réviser son vocabulaire anglais en s'amusant. Spécial sciences
- *Check In*. Communiquer efficacement en anglais [niveau 2]
- *Help!* Grammaire et vocabulaire. 2e édition revue et corrigée [niveau 1]
- *Express yourself!* 15 chapitres thématiques pour connaître l'essentiel du vocabulaire courant en anglais
- *Bac en vue*. Spécial vocabulaire anglais [toutes séries]
- *Key Words English*. Réviser son vocabulaire anglais. Vocabulaire de la vie de tous les jours
- *Easy-Peasy*. 500 expressions idiomatiques courantes pour comprendre la presse et enrichir son expression [niveau 2]

Achevé d'imprimer en février 2012 par Normandie Roto Impression s.a.s., 61250 Lonrai
N° d'impression : 120341 - Dépôt légal : février 2012 - Imprimé en France